足球运动
科学训练与后备人才培养研究

吴春成 / 著

北京燕山出版社

图书在版编目（CIP）数据

足球运动科学训练与后备人才培养研究 / 吴春成著
. — 北京 ：北京燕山出版社，2021.11
　　ISBN 978-7-5402-6191-7

　　Ⅰ．①足… Ⅱ．①吴… Ⅲ．①足球运动−运动训练−
研究②足球运动−后备力量−人才培养−研究−中国
Ⅳ．① G843

中国版本图书馆 CIP 数据核字（2021）第 187966 号

足球运动科学训练与后备人才培养研究

著者：吴春成
责任编辑：邓京
封面设计：马静静
出版发行：北京燕山出版社有限公司
社址：北京市丰台区东铁匠营街道苇子坑 138 号嘉城商务中心 C 座
邮编：100079
电话传真：86-10-65240430（总编室）
印刷：北京亚吉飞数码科技有限公司
成品尺寸：170mm×240mm
字数：210 千字
印张：12.5
版别：2022 年 4 月第 1 版
印次：2022 年 4 月第 1 次印刷
ISBN：978-7-5402-6191-7
定价：70.00 元

前　言

　　如今,足球运动的竞技水平和职业化程度越来越高,世界上各个国家都非常重视本国足球运动的发展。可以说,足球是世界上职业化水平最高的项目之一。影响足球运动竞技水平的因素有很多,其中训练质量的高低和后备人才的培养是最为重要的两个因素。对于年轻的足球后备人才而言,其训练质量决定了其成年后的足球竞技水平,加强科学的足球运动训练至关重要。落后的足球训练理念和内容、单一的训练手段与方法等都会对运动员的训练质量产生不良影响,因此在足球后备人才的培养中,要结合足球后备人才的成长规律、身心特点、运动基础等采用先进的足球训练理念,对足球后备人才进行有针对性的培养和训练,如此才能培养出一大批高水平的足球运动员,提高足球运动水平。

　　从 1994 年中国足球进入职业化以来,我国足球运动历经多次的变革,虽然取得了一些成绩,但总体而言,其发展状况还是不容乐观的。与欧美足球强国相比,我国的足球运动水平明显处于落后的局面,这与我国体育大国的身份是不相符的。我国是一个体育大国,很多体育项目的运动水平居于世界前列,这与足球运动形成了鲜明的对比。我国拥有众多的体育资源,包括丰富的人力、物力、财力等,这为足球运动的发展创造了良好的条件。但通过多年来的发展,我国的足球水平提升较慢,并没有实现突破式的进展,其中一个很重要的原因就在于我国足球训练水平不高,没有重视足球后备人才的培养,导致足球后备人才出现断层,这就严重影响到我国足球运动的可持续发展。因此,今后应进一步加强足球运动训练,大力挖掘足球后备人才并对其进行科学的培养与训练,如此才能实现我国足球运动的突破式发展。

　　本书主要以足球训练与后备人才培养为视角研究如何推动我国足球运动的进一步发展。第一章主要阐述了足球训练的基础理论,包括足球训练原理、训练原则、训练方法、训练计划、特殊人群足球训练注意事项等多个方面的内容。第二章主要调查与分析了我国足球选材与后备人才培养的现状，能让人们更加清晰地认识到我国足球运动发展的态势。第三章至第五章主要研究的是足球运动训练的内容，包括体能训练、技术训练和战术训练三个部分，这三个部分是足球训练的核心内容，本书科学的训练理论与创新的训练手段能为运动员训练水平的提高提供良好的帮助。第六章至第八章主要研究的是足球后备人才培养理论方面的内容，主要涉及足球后备人才综合素质的培养与提升、后备人才的教育与监控、后备人才培养质量的优化与提升等几个方面。通过以上内容的研究，能为我国足球运动的发展提供良好的借鉴与指导。

　　本书在撰写的过程中参考和借鉴了大量的有关足球运动方面的书籍和资料，在此向有关专家及学者致以诚恳的谢意。由于时间和精力有限，不足之处在所难免，恳请广大读者批评指正，以便今后加以改进和完善。

作　者
2021 年 5 月

目　录

第一章　足球训练基础理论

　　足球运动员身体素质、技战术能力以及心智能力的发展与提高都是在长期科学而系统的训练中实现的。组织开展足球训练活动是足球教练员的主要工作职责，参与足球训练是足球运动员的主要任务，足球训练需要教练员与运动员的共同参与及相互配合才能顺利进行。足球训练的组织与实施离不开基础理论的支撑与指导，本章主要对足球训练基础理论展开研究，包括足球训练原理、训练原则与方法、训练计划以及训练注意事项，以期为足球教练员执训及运动员训练提供科学的理论指导。

第一节　足球训练原理

一、叠加代偿原理

　　通常情况下，一项体育运动的体能动作和技能动作相比，后者更为复杂，技能动作中技术动作和战术动作相比，也是后者复杂度高一些。而且体能、技术、战术是密切联系的，体能是技能的基础，技术又是战术的基础，技能动作的运用是建立在良好体能基础上的，战术配合又是以技术为基础的。如果运动员缺乏良好的体能素质或体能基础较弱，那么很难开展有效的技能训练活动。所以，进行技能训练之前必须做好体能训练活动，并在技能训练的整个过程中不断穿插体能训练，不断储备与提升体能素质，这符合运动训练的规律，又贴合运动员的实际情况。足球运动员在具备了一定体能基础的前提下进行足球技能训练，这是运动训练中叠加效应的体现，在足球技能训练中，运动员储备体能又具有代偿意义，意思是运动员技能水平较低，体能水平高，后者可以短暂性地弥补前者的不足，这就是足球运动训练的叠加代偿原理。这一原理要求足球运动员在训练中将体能训练重视起来,储备充足的体能,以追求更好的技能训练效果。

足球运动员当然不可能在短暂的时间内完全完成体能的储备,而且体能训练也要结合足球专项以及与足球技术联系起来才具有实际意义。足球运动员在技术训练中有时会因为体能不够而影响技术质量,这种情况下就要进一步增强体能,为高质量完成技能动作而打好基础。有时运动员虽然储备了足够的体能,但技术训练依然达不到预期的效果,这个落差与足球技术本身不断发展的趋势有关。足球运动员的体能训练和技能训练相互联系,相辅相成,二者之间应该达到一种动态的协调状态,结合足球专项要求而进行体能训练,通过体能训练提升足球专项技能。

二、体能易衰原理

在足球训练中,对抗性的技术和配合性的战术本身具有一定的激励性和趣味性,很多运动员积极参与足球训练就是被技战术本身的特征所吸引的,激烈而有趣的训练能够满足运动员的直接兴趣,虽然不同运动员因为个人情况及其他相关因素的影响而训练力度不同,但运动员对技能训练的兴趣总是比对体能训练的兴趣要强烈。相对来说,足球体能训练显得单调枯燥一些,体能训练因本身不够有趣而对运动员没有很强的吸引力,运动员参与体能训练的积极性差一些。体能训练不仅不像技能训练那样丰富和有趣,而且体能训练的成果不能持久维持,也就是说体能容易衰退和减弱,而技能形成后衰退速度慢一些。因此足球训练中很多问题都集中在体能训练上,而体能训练出了问题必然会影响技能训练,影响运动员综合竞技能力的提升,同时从上面分析的叠加代偿原理来看,也会影响对技能不足的暂时性弥补。有关学者将上述对体能训练的这些认识总结为体能易衰原理,这一原理和叠加代偿原理所带来的启示意义相似,都是强调体能训练的基础性与重要性,同时也提醒教练员要设计丰富多彩的体能训练手段,使运动员对体能训练产生直接兴趣,降低体能训练效果的减退速度,持久保持良好的体能训练效果,为技能训练持续提供良好的体力条件。

三、边际效应原理

"边际"指的是事物在时空维度上的界限或边缘,它体现的是数量概念。"效应"指的是心理满足程度,它反映的是心理感情强度。"效应"随"边际"的变化而变化,即心理感情强度随数量的变化而变化,日常生活中我们占有某一事物的数量不断增加,心理对该事物的需求欲望就会相应下降,这反映了一种边际效应递减的现象。

(一) 足球训练边际效应的规律

边际效应体现了人的主观感受的变化,具体来说,是个体对某一事物预期的感情强度的变化,人对某一事物有了预期后,越临近预期的效果,这种感情强度就越激烈,感情强度随所期待的事件的变化而变化。

边际效应具有以下几个规律和特征。

1. 时间性

边际效应的时间性主要指的是效应的渐渐衰退,可以解释为组织内部的效能随时间的延续及整体的不断磨合而发生衰退性变化。如果一名足球运动员长期采用单一的方法进行训练,那么该训练方法所带来的训练效果会越来越不明显,该名运动员竞技能力提高得会越来越慢。

2. 空间性

如果以过于统一或习以为常的方式开展足球训练工作,那么运动员竞技能力的提升空间就很小,或者竞技能力的变化小,体现不出弹性化发展的效应,这时运动员如果要取得新的突破,增加弹性空间,就要重新组合竞技能力结构。

3. 组合性

广袤的空间与绵延不绝的时间在组合上有各种各样的可能性。在足球训练中,一般性的训练方法很容易受关注和重视,而最终结果即训练的边际效应却经常被忽视。

(二) 提高足球训练边际效应的对策

1. 变化训练环境

在足球训练中,训练场地、训练设施可适当调整与变化,使运动员对外界环境的适应力不断提升。环境的变化可以产生很多的刺激源,从而激发运动员的潜力,使运动员机体生物环境也发生相应的积极性变化,这有助于提升训练的边际效应。

2. 变化训练方法

一种固定的训练方法对运动员的刺激是一定的,长期在同一种方法的刺激下,运动员的应激能力也会保持一定的水平而没有变化,如果继续施加这种刺激,就会降低机体的边际效应,而只有不断变化与调整训练方法,使用新的方法进行训练,才能进一步提高运动员的应激能力,提高足球训练的边际效应。

3. 训练手段的多种组合

以多种多样的方式将不同的训练手段组合起来,不断创造新的组合训练方式,使运动员在不断地新刺激中提高应激能力,从而提高训练刺激对运动员体能及技能发展的边际效应。

四、超量恢复原理

(一) 超量恢复现象

有关学者研究运动训练的超量恢复现象,最先是从动物活动实验而着手的。动物活动中不同的活动量给机体带来不同的刺激,在不同的刺激作用下,动物体内肌糖原消耗与恢复的情况也有差异。实验结果表明,在一定刺激下机体能量消耗与恢复的过程如图1-1所示。

图1-1显示了能量消耗与恢复的三个阶段。

阶段一:运动过程中机体能量大量消耗,虽然消耗的同时也在缓慢恢复,但消耗占主导,机体工作能力随能源物质的减少而降低。

阶段二:运动后机体能力消耗速度减慢,恢复占主导,机体工作能力随能源物质的增加而提升到原来水平。

阶段三:在超量恢复阶段,运动中消耗的能源物质不断增加,超过原有水平,机体工作能力也相应超过原来水平。超量恢复现象并不会一直都存在,一段时间后这种现象便会消失,机体能源物质和工作能力依然和原有水平保持一致。

我们可以将超量恢复现象的特征总结为:运动过程中运动量和运动强度越大,消耗越多的能源物质,运动后会延迟出现超量恢复现象,但程度很明显；运动过程中运动负荷小，消耗较少的能源物质，运动后较早出现超量恢复现象，但程度较弱。

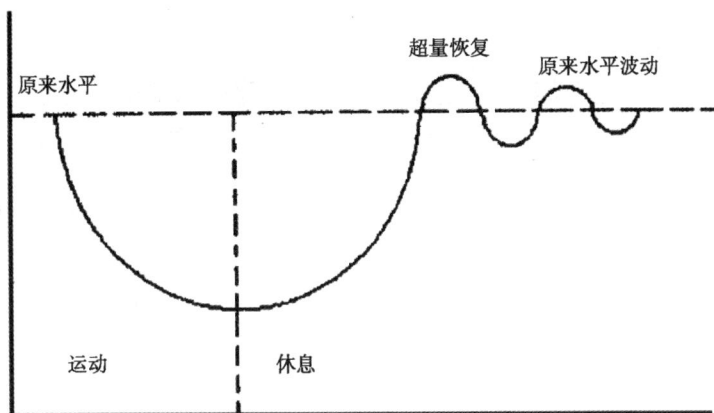

图 1-1 超量恢复现象 [①]

（二）运动训练中的超量恢复原理

1. 超量恢复原理的认识

在简单而直观的超量恢复现象的基础上，有关学者提出了运动训练的超量恢复原理，即物质能量的储备超过原有水平，机体运动能力也超过原有水平。理论上而言，运动员在超量恢复阶段进行训练，能够达到很好的训练效果，身体机能水平和运动能力会得到显著提升。

基于对超量恢复原理的认识，我们从图 1-2 中能够直观地了解训练间歇和人体机能水平及运动能力的关系。

图 1-2（a）：第一次训练结束后，休息较长时间才开始第二次训练，即过了超量恢复期才进行新的训练，这时难以提高人体机能水平和运动能力。

图 1-2（b）：第一次训练结束后，休息较短时间就开始第二次训练，即还没有进入超量恢复期就开始新的训练，因为机体疲劳没有恢复好，所以训练效果并不理想。

图 1-2（c）：第一次训练结束后，在超量恢复期开始新的训练，大大

---

① 骆建.对运动训练中的超量恢复现象与超量恢复原理的审视 [J].中国体育科技，2001（06）：10-12.

提高了人体机能水平和运动能力。

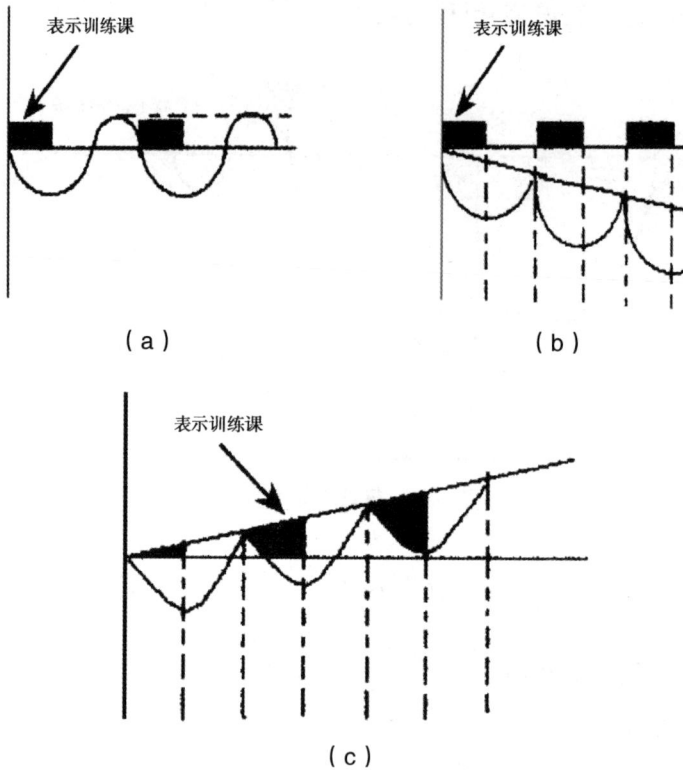

（a）

（b）

（c）

图1-2　超量恢复原理[①]

　　运动训练提高运动员机能能力的效果与超量恢复原理有直接的关系。运动员在运动训练中进行一定运动负荷的身体活动,随着运动负荷的增加,机体受到的刺激增加,机体适应能力不断提升,这种良好的适应效果不断累积,就提高了运动员的运动水平。运动员机体在承受刺激和不断适应刺激的过程中,机体物质消耗与恢复的平衡情况对机体工作水平的提高、运动能力的提升以及运动训练的可持续性具有决定性影响。只有对运动员在运动训练过程中机体能源物质消耗与恢复的一般原理有深刻的认识与理解,才能对运动训练的超量恢复现象及特征有准确的把握,并利用超量恢复原理而科学安排训练,不断提高训练效果。

① 骆建.对运动训练中的超量恢复现象与超量恢复原理的审视[J].中国体育科技,2001（06）：10-12.

2.机体适应某一负荷的超量恢复

在运动训练中,运动负荷越大,运动员机体承受的刺激越大,机体能源物质消耗也越多,这种情况下机体很快就会出现疲劳症状,疲劳程度也会增加,机体工作水平明显下降,包括机体各器官系统的功能下降和肌肉运动能力减弱。从运动结束后到机体对负荷刺激达到良好的适应性为止,机体能源物质的恢复占优势,机体能源物质逐渐增加,机体工作能力恢复到原来水平,然后机体能源物质继续增加,机体机能继续提升,超过原来水平,超量恢复水平和原来水平的差距与运动训练中的训练负荷、训练间歇等有关。

一次训练结束后,机体因为承受了较大的刺激,所以需要休息和恢复的时间,为了增加恢复的累积效应,需要在休息的同时进行调整性练习,下一次的高负荷训练应该在机体完全恢复后进行。

基于这一原理,在足球训练中不要盲目地一味增加运动负荷,而要将大负荷、中等负荷以及小负荷的训练有机结合起来,循环采取不同负荷的训练方式。

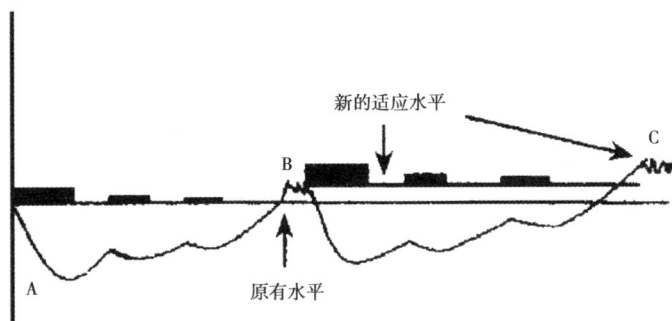

图 1-3　机体适应某一负荷的超量恢复 [①]

另外,机体承受超过原有运动负荷刺激的大小也是有限的。如果机体承受运动负荷刺激的量或强度达到了引起机体出现保护性抑制的程度,机体承受这种超负荷刺激后是不可能出现超量恢复的。

3.周期性训练中的超量恢复

随着运动训练中负荷刺激的不断增加,机体逐渐适应后恢复水平也

---

① 骆建.对运动训练中的超量恢复现象与超量恢复原理的审视 [J].中国体育科技,2001(06):10-12.

逐渐增加,不断超过原有恢复水平,这种累加效果就是周期性训练过程的超量恢复。

从图1-4来看,运动员在周期性运动训练中机体承受运动负荷的特点主要从负荷量和负荷强度的变化中体现出来,负荷量的变化趋势是缓慢递增→缓慢下降;负荷强度的变化趋势是缓慢递增→快速递增直至达到最大值→快速下降。这说明在周期性训练中,运动负荷刺激作用于运动员机体的时间变化呈现出由长到短的特征,而负荷刺激的变化呈现出强度由小到大的特征。因此在周期训练中为了保证机体承受负荷刺激后适应能力累积效应的增加,在训练安排上必须遵循加大～适应～再加大～再适应的循环性原则,使机体适应某一负荷刺激并达到超量恢复后再增加负荷强度,进一步提高机体适应能力,出现新的超量恢复,如此反复,促进机体适应能力和机能水平的不断提高。可见,运动员在训练中运动水平的提高是超量恢复效果递增与累加的结果。

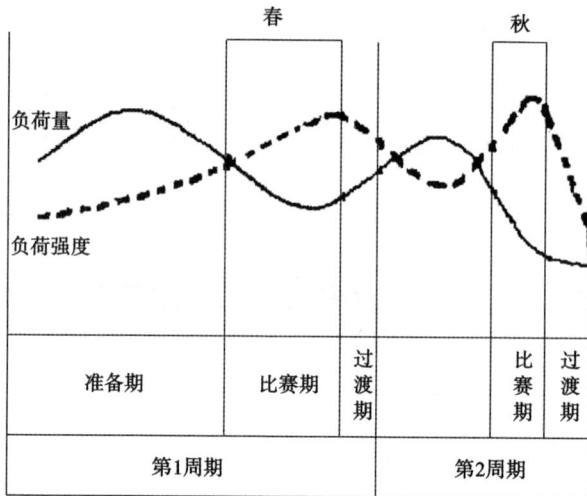

图1-4　周期训练中运动负荷变化特点[①]

① 骆建.对运动训练中的超量恢复现象与超量恢复原理的审视[J].中国体育科技,2001(06):10-12.

第二节　足球训练原则与方法

一、足球训练原则

(一) 系统性原则

系统性是指从足球训练开始直至运动员技术水平达到一定程度,在不断提高的过程中训练内容前后连贯、紧密相关而不中断。在足球训练中,训练任务、内容、要求和指标等都是层层衔接的,这样才能确保训练效果的累加。

在足球训练中坚持系统性原则有以下几点要求。

(1)合理确定训练任务、内容、指标和要求。

(2)做好各训练阶段的衔接工作。

(3)合理安排运动负荷和休息时间。

(二) 直观性原则

直观性原则是指在足球训练中采用直观方法让运动员通过视觉、感官,建立正确的动作表象,从而掌握和巩固足球技战术。

足球训练中坚持直观性原则需注意如下要求。

(1)训练初期以示范教学为主。

(2)有效利用各种直观教具与方式。

(三) 周期性原则

运动员竞技状态的发展一般经历形成、保持、消失三个阶段,这是一个周期性循环过程。足球训练是一个周期循环过程,应周而复始地安排训练,只有坚持周期性原则,才能使足球运动员获得长足发展。

遵循周期性原则要做到以下几点要求。

(1)合理划分训练周期,准备期计划时间较长;根据比赛情况安排竞赛时间;合理安排休整期。

(2)在一个训练周期中,合理安排身体素质训练、技能训练及心理训练的比例。

（3）周期结束时，要总结经验，分析与解决问题，并根据反馈信息安排下一周期的训练。

（四）区别对待原则

区别对待原则是指在足球训练中要根据运动员自身情况、训练条件和训练任务等来科学安排训练工作，合理安排训练内容和运动负荷，有效选用训练方法。

坚持区别对待原则需做到如下要求。

（1）根据不同足球运动员的特点有针对性地安排训练。

（2）针对个人和全队的要求制订专门的训练计划，为完成训练目标而服务。

（五）合理安排运动负荷原则

合理安排运动负荷原则是指在足球训练中根据人体机能的训练适应规律、运动员承受负荷的水平而逐渐增加负荷量，有机组合不同强度的负荷量，从而有序提高训练效应。

坚持合理安排运动负荷原则需做到如下要求。

（1）以运动员的实际训练水平为依据而安排运动负荷。

（2）妥善处理负荷与恢复的关系。

（3）渐进安排与增加运动负荷。

（4）妥善处理负荷量与负荷强度的关系。

二、足球训练方法

（一）重复训练法

重复训练是指按照固定不变的动作结构和负荷量重复进行训练，形成固定的条件反射，从而使技术动作定型的训练方法。重复训练法对于足球运动员掌握与提高足球技战术，全面培养身心素质具有重要作用。

运用重复训练法需注意如下要点。

（1）在体能训练中以简单实用的训练方法为主，视具体情况安排训练负荷强度、重复次数、练习数量、休息时间,逐渐增加负荷强度、重复次数和练习次数。

（2）在技术训练中严格按照足球技术标准组织规范性训练,保证一定的重复次数,逐渐提高训练量和训练强度。

（3）灵活设计与运用能够提高运动员训练兴趣与积极性的训练方法,如游戏、比赛等。

（二）变换训练法

变换训练法指的是在足球训练中有目的地变换练习负荷、训练方式、训练环境条件等的训练方法。变换训练方法有利于提高足球运动员对比赛的适应能力。

运用变换训练法需注意如下要点。

（1）明确变换训练的目的,根据目标进行有针对性的变换训练。

（2）变换训练条件时,考虑变换后是否能对足球运动员技术的巩固和体能的发展产生积极影响。

（3）在技术训练中,采用变换训练方法达到目的后迅速恢复正常训练。

（4）随着足球运动员训练水平的提高,逐步增加训练量和训练强度。

（三）循环训练法

循环训练法指的是在训练前设立几个不同的训练点,运动员按照既定顺序依次完成每个训练点的训练任务,直至完成各个点上的训练,完整完成一次循环的方法。循环训练法可有效提高不同层次运动员的训练积极性,因此在足球训练中经常被采用,具体运用中需注意以下几个要点。

（1）根据训练目标确定训练的内容和数量。

（2）根据不同特点,区别对待,确定负荷。

（3）变换循环练习的形式。

（四）间歇训练法

间歇训练法指的是在足球训练中规定训练的间歇时间,使运动员机体在不完全恢复状态下反复训练的方法。该方法可促进足球运动员心脏功能的增强和有氧代谢供能能力的提升。

运用间歇训练法需注意如下要点。

（1）根据足球训练任务安排间歇训练方案。

（2）确定一个间歇训练方案后，经过一段时间的训练，当运动员逐渐适应和提高后，再根据训练任务调节训练方法。

（3）在间歇阶段要采取积极的休息方式，做轻微的活动，促进血液循环和机体恢复。

（五）持续训练法

持续训练法指的是在足球训练中，为了保持有价值的负荷量而不间断地连续进行训练的方法。该方法能有效提高有氧代谢能力和耐力素质。

运用持续训练法需注意如下几点。

（1）训练强度不应太大，心率控制在 130 ~ 160 次 / 分为宜，运动强度恒定。

（2）在训练期或休整期以中小强度为主。

（六）竞赛训练法

竞赛训练法指的是在通过各种竞赛方式（身体素质竞赛、游戏性竞赛、训练性竞赛、适应性竞赛、测验性竞赛等）组织足球运动员进行训练的方法。该方法能有效提高运动员对技战术的运用能力，提高运动员的实战和应变能力。

运用竞赛训练法需注意以下两个要点。

（1）在恰当的时机组织竞赛，明确竞赛规则。

（2）在竞赛中安排适宜的负荷。

（七）综合训练法

在足球训练中，根据训练目标、任务和需要，把上述各种训练方法组合起来设计训练方案并实施该方案的方法就是综合训练法。综合训练法能全面提高运动员的身体素质，增强运动员的技能和比赛能力，且不易早早出现疲劳。需要注意的是，并非运用的训练方法越多训练效果越好，教练员要根据训练任务、训练目的、训练内容、训练环境与条件及足球运动员的自身条件而选择几种训练方法来组合搭配,充分运用不同方法的优势来实现最佳训练效果。①

第三节 足球训练计划

一、制订足球训练计划的意义

足球训练计划是对未来足球训练的预先设计与准备,训练计划具有预见性,应该尽可能准确。但因为足球训练过程就是动态变化的,很多因素都会影响足球训练活动的开展,而且足球运动本身也是丰富多彩而且充满变化和不确定性的,所以要完全控制足球训练是有难度的。即使制订了训练计划,设计了训练方案,在具体实施计划和训练的过程中也要根据主客观因素的变化和实际需要而调整训练,并不是说制订好计划后就百分百按计划行事,要学会灵活变通,随机应变,提高训练效果。

在足球训练中,制订训练计划和实施训练方案是非常重要的中心环节,在足球训练的整个实践过程中,教练员与运动员的执训和参训都离不开计划。训练计划贯穿于训练始终。具体来说,制订足球训练计划具有以下几方面的重要意义。

(一)明确足球训练目标

只有足球训练目标是明确具体的,才能根据目标而确定训练任务和训练主题,并把握好各项训练任务和各个训练主题之间的内在联系和相互衔接关系,提出具体的训练要求,使运动员按照一定的要求去训练,完成训练任务,达到训练目标,圆满完成计划。

(二)使参与训练的主体及相关人员的认识与行动保持统一

训练计划中既明确了运动员的现实状态,也提出了通过训练要达到的目标状态,要实现这个转移,就离不开计划这条路径,运动员通过训练计划能够了解自己要如何训练才能达到目标状态,也能预测自己的训

---

① 刘丹.青少年足球训练纲要与教法指导[M].北京:人民体育出版社,2011.

练成果,并努力实现更高的目标。实施计划需要教练员的合理安排,需要行政人员的管理,需要医务人员和后勤人员的保障,这些相关人员在统一计划的基础上有了统一的行动准则,共同为运动员取得良好的训练效果而努力。

(三) 对训练的全过程进行有效控制与监督管理

能够科学评价运动员的训练结果,能够提前预测训练中可能出现的问题并思考应对方案,以备不时之需,保证训练的有序进行,提高训练效率和最终的训练效果。

二、足球训练的五种计划

一般按照计划的时间跨度而将足球训练计划分为五种类型,如图1-5所示。

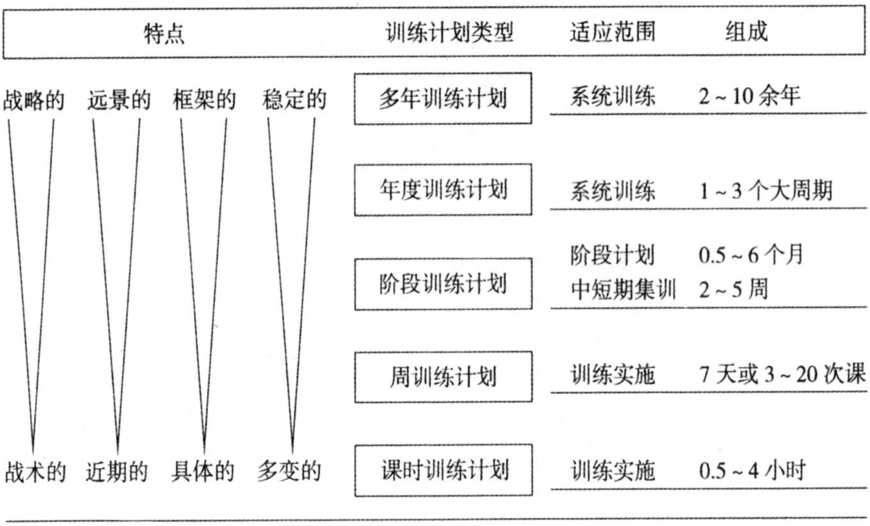

特点				训练计划类型	适应范围	组成
战略的	远景的	框架的	稳定的	多年训练计划	系统训练	2～10余年
				年度训练计划	系统训练	1～3个大周期
				阶段训练计划	阶段计划 中短期集训	0.5～6个月 2～5周
				周训练计划	训练实施	7天或3～20次课
战术的	近期的	具体的	多变的	课时训练计划	训练实施	0.5～4小时

图 1-5　常见的几种足球训练计划 [①]

图中几种训练计划密切相关,从多年训练计划到年度训练计划,再到阶段训练计划、周训练计划,最后到课时训练计划,计划内容越来越具体,安排越来越详细。下面简要分析这五种训练计划。

---

① 　刘丹.青少年足球训练纲要与教法指导 [M].北京:人民体育出版社,2011.

（一）多年训练计划

多年训练计划是一个足球队的总体规划，是指在预定多年训练的年限内，对球队的全面训练工作所做的长远的总体规划。和其他训练计划相比，多年训练计划更具有远景、框架的特点。一般根据4年一次的世界杯足球比赛、奥运会足球比赛或全国运动会足球比赛来确定多年训练计划。计划的主要内容有训练目标、任务、措施、比赛安排等。计划的设计形式既有文字阐述，也有直观的表格。制订多年训练计划的要求是目标明确，任务具体，时间安排合理，内容能反映多年训练的基本蓝图和总体思路。

对多年训练计划的制订是有一定难度的，主要是因为在足球运动员的发展过程中会出现很多不确定因素。因此在制订计划时要综合考虑对训练过程有影响的相关因素，使计划更可靠，更有指导价值，保证足球运动多年训练的科学性。

（二）年度训练计划

全年训练计划是以一年时间而设定的，根据多年训练计划的进度、任务，上一年度的训练、比赛情况，以及本年度比赛任务，确定本年度应达到的训练水平、竞技能力和成绩指标。同时，按照本年度重要比赛的日程，根据竞技状态形成的规律，结合球队的具体情况和训练条件，划分适宜的训练周期，安排各阶段的训练内容和负荷。

（三）阶段训练计划

根据全年训练计划中各个时期的任务、内容、要求和重大赛事划分为几个训练阶段。一般围绕一次比赛任务分为准备期、竞赛期、休整期三个阶段。阶段不同，训练任务、内容、手段、组织方法、训练措施都有不同要求。阶段训练计划要做好阶段与阶段之间的系统衔接，并根据实际情况及时调整计划。

（四）周训练计划

周训练计划是根据一个周期或阶段训练计划对一周的训练工作做

出具体安排,制订周训练计划要注意本周训练在全年各个时期所处的地位和作用,考虑前后周训练计划的联系。目前,中超联赛多采用周赛制,即每周一场比赛。围绕周赛制进行计划和执行训练是非常有代表性和实际效用的训练计划。其任务是为形成运动员最佳竞技状态做直接的准备和最后的调整。

周赛运动负荷围绕运动员机体在比赛日处于的最佳状态来安排。由于不同的训练内容和不同的运动负荷后,达到超量恢复所需要的时间不同,所以必须通过科学设计使各方面负荷后的超量恢复都在同一时间内实现,这对运动员顺利参加比赛是非常重要的。

周赛制训练计划示例见表1-1。

表 1-1 赛前周训练计划示例①

	训练要点
第一天	（1）身体素质训练,无明显疲劳 （2）技术训练 （3）其他练习 （4）下午休息
第二天	（1）全面分析比赛 （2）有氧耐力训练 + 补偿性训练 + 配合性训练 （3）体能训练、技术训练、战术训练各 60 分钟
第三天	（1）安排两次大运动量训练 （2）根据球员在队中和场上的位置决定身体素质训练 （3）训练要有针对性
第四天	（1）确定阵形、阵容 （2）身体素质训练 （3）技术训练 （4）战术训练 （5）关注主力队员
第五天	（1）激发比赛激情 （2）固定整体战术,组合训练
第六天	（1）模拟比赛训练,50％强度 （2）放松活动

---

① 贺峰,夏辉,韩帛辰.足球教学训练计划文件的制订 [M].北京:北京体育大学出版社,2018.

（五）课训练计划

训练课是足球训练最基本的组织形式。不论是周训练计划，还是多年训练计划，都必须通过一次次训练课的组织来实施。课训练计划的主要内容如下。

（1）训练课的任务。

（2）训练课的时间。

（3）训练课的结构。

（4）场地器材。

（5）训练课的运动负荷。

（6）训练课的组织形式。

（7）训练手段方法。

（8）训练后的恢复措施。

第四节 特殊人群足球训练注意事项

一、青少年足球训练注意事项

（一）根据青少年身心发展特征而训练

足球后备人才处于青少年时期，这是开发足球运动员潜能，挖掘与培养青少年足球运动员的黄金时期。针对青少年群体开展足球训练与培养工作，要重点考虑青少年这一特殊年龄群体的身心发展规律、特征及趋势，以更好地挖掘青少年的潜能，培养优秀的后备人才。足球教练员要对青少年球员的成长发育过程有准确的把握，要了解各项运动素质发展的敏感期，抓住敏感期加强训练，以形成体能优势。同时也要分析青少年的心理特征，在训练中培养运动员的健全人格及健康心理，满足青少年运动员的心理需求。从青少年身心特征出发而安排训练，能够有效提升训练的科学性，提升青少年球员的体能素质、基础技能以及心理素质。

（二）分阶段训练

培养优秀的青少年运动员是一个系统复杂的工程，要经历长达几年甚至十几年的时间，在整个培养过程中，要按培养对象的年龄进行分阶段训练，划分训练阶段主要以青少年的年龄为依据，一般分为下面三个阶段。

1. 第一阶段：6～10岁

对于6～10岁的儿童少年，要先培养他们对足球运动的兴趣爱好，训练方法手段以简单的足球游戏为主，通过游戏使其喜欢足球运动，对此产生兴趣，有参与其中的欲望。然后教一些简单的技术，如运球、传球、接球等，训练要求刚开始不要太严格，逐步提高要求，切忌在这个阶段以专业模式培养与训练儿童少年球员，绝对不能拔苗助长，否则会影响孩子们的未来足球生涯。

2. 第二阶段：11～14岁

对于11～14岁的青少年群体，要从基础训练着手，认识到这一群体在灵气与悟性上的优势，并抓住这一阶段身体素质发展的敏感期，加强身体素质锻炼，并在此基础上进行基本技术训练，使青少年自然掌握一些基本技术。这一时期在技术能力训练上会提出简单的要求，但依然不建议采用过于专业的模式化训练方法，以免造成青少年"知难而退"的局面。在技术教学与训练中，要遵循"细讲粗点"的原则，意思是清楚地讲解足球技术动作要领，而对于青少年提出的要求，则以点拨式的方法进行解决，使其一直保持对足球运动的兴趣及渴望掌握更多知识和技能的心理。

3. 第三阶段：15～18岁

这一阶段的青少年好胜心强，有很强的参赛欲望，这时要加强技战术能力训练，并使其能够在实战中合理运用足球技战术，使其对足球比赛有全面的认识与一定的理解。足球教练员可组织一些比赛来培养青少年球员的实战能力，使青少年积极参与比赛，在实战中将自己的能力展示出来，并认识到自己的问题，以便在接下来的训练中重点提高。

上述不同阶段的训练是密切联系、连贯衔接的，这是青少年球员培养与训练的全过程，各年龄段球员的达标升组也直接受各阶段训练的影响,达标升组要求如图 1-6 所示。

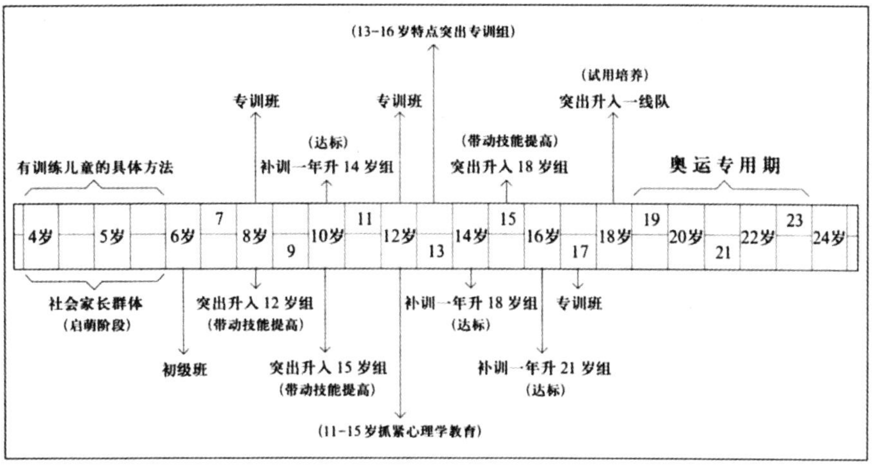

图 1-6　青少年球员达标升组要求 ①

(三) 加强安全防护

青少年球员的骨骼还没有完全发育好,不同关节面之间存在较大的差度,而且关节面有较厚的软骨和较薄的关节囊,再加上关节周围分布着细长的肌肉和松弛、较薄的韧带,所以青少年的关节不像成年人那样稳定、牢固,在训练过程中受到外力刺激容易发生关节脱位,受到损伤,所以在训练中要特别注意对关节的保护。

青少年肌肉还处在发育的关键期,和成年人相比,青少年肌肉横断面积小,肌纤维细,肌肉收缩时尚不具备较多的有效成分,所以青少年的肌肉力量较弱,耐力也较差,肌肉没有很好的弹性和伸展性,在训练过程中肌肉很容易酸痛,早早出现疲劳症状,因此要做好对肌肉的保护工作,避免过度训练引起肌肉损伤。

二、女子足球训练注意事项

(一) 把好"选材"关

男子足球运动员和女子足球运动员的体能差异主要是受先天因素

---

① 　杨春林.中国青少年足球训练全集[M].北京:线装书局,2000.

影响的结果。鉴于这一客观事实,在女子足球运动员选材中考察体能指标,不能参考选拔男子足球运动员的体能指标和评价标准。但在选材中,体能素质接近男子的女子更受欢迎,不管是身体形态,还是力量、速度等运动素质,一般优先选择接近男子的强健者。这种体能上的优势能够为后面的体能和技术训练提供良好的基础条件,从而节约训练时间,提高训练效率和效果。选拔女子足球运动员,不能只看身高,还要注意其他体能因素,要考察基础运动能力,全面选材,为培养与训练打好基础。

(二) 营养合理、全面

一般要根据女子足球运动员的运动训练需要和特殊的生理特点来安排饮食,确保营养的全面性。要根据每天训练消耗的能量来补充机体所需能量,保证补充与消耗的平衡。女子球员每天补充的营养不仅要达到量的要求,还要有质量保证,营养要多样、均衡。对脂肪食物的补充要少一些,如果过量补充脂肪,会对运动能力造成影响。女子运动员在铁的补充上比男子有更大的需求,月经期尤其要补充足够的铁,以促进血的再生,避免因血流量增加而引发贫血,影响健康和运动能力。

(三) 注意预防损伤

从运动生理学和运动解剖学的视角分析,再结合足球运动本身的动作特征,一般认为女子球员在足球训练和比赛中比较容易受伤的部位是踝关节和膝关节,所以腿部力量训练对女子球员来说很重要。为了避免在训练中发生膝关节损伤或踝关节损伤,女子球员要做好必要的预防工作,如检查训练场地是否平整,穿标准的球服和球鞋,做好基本的热身活动和整理活动,提高注意力,等等。

(四) 安排男子球员陪练

女子训练"男子化"是现代足球运动训练的重要发展趋势之一。因此在女子足球训练中有必要学习和借鉴国外优秀男足训练的先进经验,了解男子足球运动员的技、战术要求,按男子足球运动员的要求发展与提升女足的运动水平。在女子足球训练中可以安排男子球员陪练或设计男女球员均可参加的混合比赛,以培养女子足球运动员顽强勇猛的比赛作风,全面发展其竞技能力。但需要注意的是,男女在力量、速度、身体条件等方面存在明显的不均衡性,所以在混合训练和比赛中女子要时刻警惕,避免受伤。

(五) 尽可能配备女性教练员

由于女子足球运动员的身心特点与男子有明显不同,女子足球运动员日常生活中的一些问题或思想顾虑不方便被男教练知道,男教练解决起来也比较棘手,因此如果有条件的话,尽可能为女子球队配备女教练、女管理员,方便教练员与运动员相互之间的沟通,方便教练员和管理员对女子球员思想问题和生活问题的解决。而且优秀的女教练员同样能做好组织足球训练、带队参赛的专业工作。近年来,我国原国家队中有些女子运动员经过培训已经到地方担任教练员,负责对地方女子足球队的训练和管理,并取得了一定的实效。

第二章　足球运动选材与后备
人才培养现状分析

在任何事物发展的过程中,人才都扮演着十分重要的角色,正是由于大量人才的推动,事物才得以不断向前发展。在足球运动中也是如此,正是由于大量后备人才的储备,足球运动才得以持续不断的发展。由此可见足球后备人才选拔与培养的重要性。当前,我国足球运动后备人才的选材与培养还存在不少问题,与国外足球强国相比存在着不小的差距,我们需要认清当前足球后备人才培养的严峻形势,采取有针对性的措施与手段改进与完善现有的人才培养模式与方法,从而挖掘与培养出一大批高水平的足球运动员。

第一节　足球运动选材理论与方法

一、足球运动选材概述

(一) 足球运动选材的理论依据

足球后备人才的选拔不是一件容易的事情,切忌盲目和随意,而是需要建立在一定的选材理论基础之上。在足球后备人才选材的过程中,工作人员需要遵循一定的选材理论,以此为依据展开一系列选材活动,这样才能实现选拔的目标,选拔出高质量的足球后备人才。

一般来说,足球后备人才选材的理论依据主要包括以下几个方面,选材工作者一定要认真学习与掌握这些理论。

1. 专项运动特点及优秀运动员的模式特征

"优秀运动员的模式特征"是指从客观的角度科学描述高水平的优

秀运动员在最高竞技状态时各主要竞技能力因素的状态模型。

不同的运动员，竞技水平存在着较大的差异，影响运动员竞技水平的因素主要分为先天性和后天培养两个方面，先天性因素主要指的是运动员的身体条件，后天因素主要指的是运动员的训练环境和条件等。

在当今竞技体育快速发展的背景下，运动训练学理论也不断丰富和完善，有很多的专家及学者对运动专项和训练特点等进行了详细的研究与论述，逐渐构成了一个专项优秀运动员竞技能力要素的理想模式，这为足球后备人才的选拔提供了良好的理论依据。

2. 现代科学技术的发展

受各方面因素的影响，我国足球后备人才的选材工作在很长一段时间里都没有受到应有的重视。这就导致我国高水平的足球人才非常稀少，足球运动水平很难得到快速的发展。因此可以说，足球后备人才的选拔工作是在科学技术与生物科学的基础之上进行的，并且随着科学技术与生物科学的发展而发展。

如今各种先进的科学技术在社会各个领域都得到了广泛的应用，除了政治、经济、军事以及医学、生物学等之外，体育也是现代科学技术应用的重要领域之一，比如，血液成分的化验手段，电子计算机及现代科学仪器监测等的应用，这些都为足球后备人才的选拔提供了重要的理论依据和技术支持，通过这些现代技术手段的利用，足球后备人才的选拔更加科学和合理，这对于足球运动的可持续发展是非常有利的。

3. 国家的重视和运动员、教练员长期的实践经验

一个国家体育事业的持续发展离不开人才的选拔与培养，对于我国足球而言，也是如此。因此要将足球后备人才的选拔看作是一项非常重要的工作和任务。经过多年来的不懈努力，我国在足球后备人才选拔方面也取得了一定的成果，积累了相关的经验。足球后备人才选拔的理论和方法都得到了一定的提升，研究的深入程度和具体程度也有所提高。为推动我国足球运动的进一步发展，加强足球后备人才的研究仍是将来一项重要的工作。

（二）足球运动选材的基本原则

选材者在进行足球后备人才选材的过程中要严格遵循以下基本原则，这样才能保证选材的科学性与合理性，从而选拔出高质量的足球

人才。

1.广泛性原则

在足球运动发展的过程中,足球后备人才的选材至关重要,可以说是足球运动发展的重要内容。这是因为,青少年运动员是后备人才的主要来源,这是优秀人才的重要基地,能有效保证人才选拔的质量。

我国是一个人口大国,人口基数大保证了人才选拔范围的广泛性,一定要充分利用各种手段与方法尽可能地对各个地区的人才进行选拔,从而达到不放过一个人才的目的。如果在足球后备人才的选拔过程中,遇到设备条件不足的情况,那么就需要进行重点测试,其对象也是经过比赛选拔出的足球运动员。

需要注意的是,足球后备人才的选拔,并不只是科研方面的事,而是整个体育界的工作。只有使更多的体育工作者掌握了科学的人才选拔理论与方法,才能挖掘与培养出大量的优秀的后备人才,从而促进我国足球运动的可持续发展。

2.可靠性原则

足球后备人才选材的可靠性原则是指在足球后备人才的选拔过程中,要保证所用到的测试器具、测试方法保持统一性和规范性,另外评价的结果也要保证客观性和准确性。可靠性原则是足球后备人才选材中一个非常重要的原则,一定要严格遵守。

选材者在足球后备人才的选材中,遵循可靠性原则,需要注意以下几个方面的要求。

(1)首先要明确人才选拔所用到的测量器具、指标、测量部位和测量方法,将标准要求统一明确下来,从而保证测量数据结果的客观性。

(2)测量要反复多次进行。足球后备人才选拔的测量结果,并不是凭单次测量就能确定的,要运用相同的测量手段进行多次测量,并且依据结果的相同程度进行判断和评价。

(3)选拔测试阶段结束后,需要对相关数据做客观的评价,严禁工作人员以主观意愿进行判断,要保证评价的客观性、正确性,要依靠科学的依据进行评价。

(4)对足球后备人才的能力、应达到的水平等的预测一定要保证准确性和可靠性,不能盲目进行。

由于足球运动是不断向前发展的,对人才的要求也在日益更新和完善。因此,足球后备人才选拔所用到的方法、手段以及涉及的内容也要随之发生变化,但是,无论发生什么样的变化,都要坚持可靠性原则,这是最为重要的基础和根本原则。

3. 实效性原则

实效性也是足球后备人才选拔的一个重要原则。足球后备人才选拔的主要目的在于选拔出优秀的足球人才,以此为出发点,来选用合理的人才选拔方法、手段及内容,通过细致的多方面的测试预测以及多年的跟踪观察和最终实践验证,确定适合足球后备人才的选拔内容、方法与手段。

遵循实效性的基本原则,就是指要做到保证人才选拔的内容、方法手段、指标体系等都具有针对性和有效性,保证选拔出高质量的足球后备人才。

4. 因人因项制宜原则

足球后备人才的选拔还要遵循因人因项制宜的基本原则,要以足球专项要求和青少年运动员的个性特点的不同为依据,有针对性地确定测试内容、手段与方法、指标要求、预测方向等。如今这一原则得到了非常广泛的利用。

在竞技体育中,影响运动员运动成绩的因素有很多,其中身高、弹跳能力、耐力、运动能力、心理素质等都是非常重要的方面,这些方面都会或多或少地对运动员的运动能力造成影响。因此,在进行足球后备人才选拔的过程中,要在具体测试的要求及方法上有一定的针对性。在进行足球后备人才选拔时,首先要确定决定运动成绩的主导因素,然后再采取有针对性的措施与手段选拔人才。

因人制宜则是指对所要选拔的青少年运动员的性别、年龄、训练年限、个人环境差别和个人条件等进行综合考量,对选拔对象的各个方面进行客观的评价和预估,从而选拔出符合要求和标准的足球后备人才。

5. 多因素综合分析原则

运动员运动水平的高低主要受先天因素和后天因素的影响。在足球后备人才选拔的初级阶段,要将对足球后备人才的先天运动能力因素的测评和分析作为关注的重点所在,伴随着人才选拔层次的不断提高,对足球后备人才后天运动能力的测评和分析逐渐加大,后天因素的关注度要比先天因素更高。

对于一名职业足球运动员来讲,其成绩的好坏取决于各方面因素的影响。在众多的因素中,如果一个方面存在不足就会对运动成绩产生不良的影响,其他突出和优秀的地方,则能在一定程度上弥补运动员的缺陷。在足球后备人才的选拔中,要对各种考察和测定所得结果进行深入细致的分析,把握好影响人才发展的主要因素,为人才的发展创造良好的条件。

6. 当前测评与预测未来相结合的原则

足球后备人才的选拔不是盲目进行的,而是需要建立在一定的科学理论和方法基础之上。在选拔与测试的过程中,要对运动员未来的专项运动能力进行准确的预测。

足球后备人才的测评并不是目的,而是一种手段,是预测后备人才发展的前提或基础,预测或判断足球后备人才未来是否能成为优秀的足球运动员则是最终目的所在,因此可以说,预测在足球后备人才的选拔中居于绝对的核心地位。

(三)足球运动选材的基本步骤

1. 初选阶段

初选阶段是整个足球运动员选材过程中一个极其重要的部分。该阶段是培养优秀运动员的早期阶段,这一时期的好坏直接影响到今后培养出优秀运动员的多少与优劣。初选阶段的工作具体有以下几方面内容。

(1)初选阶段准备工作

制订详尽的选材实施方案和计划,是选材工作能够有目的、有组织、有计划、有步骤进行的关键。具体的内容主要有以下几点。

第一,明确培养目标,明确挑选具体运动项目的人数以及最终要达到的水平。

第二,确定选材的地区和单位、选材人数以及年龄。

第三,制定测试表,包括测试项目、方法以及调查内容。

第四,设定报名时间、地点、方法、测试时间与地点。

第五,制定报名表,其内容应包含选材条件、家庭情况、运动经历和成绩、学习成绩以及填写报名表等。

第六,确定参加测试人员名单、参加测试人员分工与实施测试办法。

第七,配合选材进行宣传,吸引更多的人与社会关注,提高选材质量。对宣传的内容、方式、方法都应有详尽计划。

第八,整个测试项目应安排得科学与合理,以便能准确测出所选对象的真实状况和水平,应尽量准确,减小误差。经过科学的论证,得出最佳方案,经有关领导审批后严格执行。

（2）初选阶段测试内容。初选阶段的测试内容主要包括以下几个方面。

①身体形态。身体形态是指人体的骨骼长度、宽度、比例以及身体围度和充实程度等。根据各运动项目对身体形态要求不同,所选测试内容以及具体要求也不尽相同。对于足球运动而言,要求运动员的身体比较匀称,体格强壮有力。

②生理功能。生理功能是指人体各器官系统的机能状况,是影响运动能力的重要因素。一般测试的指标主要有肺活量、血压、脉搏等。足球运动对抗性强,比赛时间较长,运动负荷强度大,对运动员的心肺功能有着较高的要求。这是足球后备人才选材的一个重要指标。

③身体素质。身体素质是运动员掌握和提高技战术水平的基础。一般身体素质测试内容主要有速度测试、力量测试、耐力测试、爆发力测试、柔韧素质、灵敏素质等。

2. 复选阶段

复选阶段的测试指标要更多,更深入。这一时期的主要任务是通过一些测试方法和基础训练,重点观察和了解初选对象身体形态、生理功能、身体素质、心理水平、身体发育等情况变化,以及在运动训练中学习掌握运动技术的能力,从而初步确定足球后备人才。

复选阶段具体内容主要有以下几方面。

（1）健康检查。所选对象有某种严重影响运动能力的疾病时必须淘汰。检查内容主要包括血压、血红蛋白、视力、传染病、沙眼、鼻病、牙齿、扁桃体、心脏、肺、肝、脾、肠胃、胸透、辨色力、运动器官严重伤病以及所选对象的受伤史、疾病史、遗传病史等情况。

（2）身体形态。在复选中需要对身体形态进行定期测试,测试内容与初选时基本相同。

（3）发育程度。应继续测定骨龄,追踪对象的发育程度。每一年定期进行。

（4）生理功能。根据足球运动项目和测试条件选定生理测试指标。除初选指标外,还应增加血乳酸、最大吸氧量、血型等生理功能指标。

（5）运动技术。运动技术水平应定期进行测试,测试内容根据足球项目特点进行设计。

（6）身体素质。除对一般身体素质进行测试外,还应根据足球项目的特点安排一些专项身体素质。

（7）心理品质。心理品质在高水平的足球比赛中作用更大。足球运动员的反应能力、思维能力、神经类型和意志品质等都是选材的重要指标。

（8）智力水平。智力水平主要反映运动员的学习能力、对技战术的理解和接受能力以及独立见解和创新钻研能力等,因此也是足球后备人才选材的一个重要指标。

通过观察所选对象在训练中掌握动作的快慢、好坏,以及在比赛中根据赛场情况随机应变的能力,还可以通过学习成绩来了解所选对象的智力,尽可能对所选对象的智力水平进行全面评价。

3.终选阶段

终选阶段的主要任务是,选材工作者和教练员应通过专门设计的训练和各种运动竞赛,全面观察运动成绩、身体素质、心理水平、智力水平、成绩稳定性以及身体形态等因素,对每个运动员的运动能力和发展水平作出准确的预测,最后选定专项,并预测在选定专项上具有发展前途的运动员留下来继续参加训练,淘汰发展前途较小者。

以上就是足球运动后备人才选材的基本步骤,选材者要严格根据以上步骤进行合理的选材。

（四）足球运动选材的基本指标

1.身体形态指标

（1）身高。身高指标,能够将一个人的身体发育水平反映出来。在足球后备人才选拔过程中,可以事先对备选人才的身高进行准确预估。虽然足球运动对运动员的身高没有绝对的要求,但也是其中一个重要的指标。

（2）去脂体重。去脂体重能在一定程度上反映人的生长发育状况和营养状况。一般情况下,体脂成分越高,人体中肌肉含量越少,这就说明今后肌肉系统潜在发展能力越低。足球后备人才选拔对去脂体重是非常重视的,一定要将其作为一个重要的选拔指标。

2. 生理功能与生化指标

足球比赛充满了身体对抗和竞争,因此强大的对抗实力是足球运动员必须具备的重要能力,这就要求运动员必须具备出色的呼吸系统和心血管系统能力。

一般情况下,足球后备人才选拔过程中,需要考虑的生理功能与生化指标主要有以下几个。

(1)最大摄氧量。最大摄氧量就是人体的呼吸循环等机能在最高水平的时候单位时间内所摄取的最大氧量。通过其数值能够将人体吸进氧、运输氧和利用氧能力反映出来。足球是一项有氧与无氧混合型运动,最大摄氧量会对足球运动员的身体机能水平产生直接影响,因此,在选拔足球后备人才时,一定要综合这方面的因素。

(2)心率。心率,指的就是人体每分钟心脏搏动的次数,这一指标非常常见,测量起来比较方便。一般来说,心率越快,心输出的血量就越多。但是要注意心率过高(超过170 ~ 180次 / 分)。可以说,心率的变化情况能在一定程度上反映出人体的机能发展状况。因此,在足球后备人才的选材中要将心率作为一个重要的选拔指标。

(3)血乳酸。在人才选拔指标体系中,血乳酸也是一个非常重要的参考指标,根据它能对训练强度进行很好的控制和调整。需要注意的是,影响人体血乳酸水平的因素有很多,如基因遗传、运动强度、训练水平等,在选拔的过程中要综合考虑。

3. 运动素质指标

身体素质是运动员训练和比赛的重要基础,没有一个良好的身体素质是难以完成训练和比赛的。运动员身体素质水平的高低,在很大程度上决定着运动技能水平。因为没有一定的身体素质做保证,技战术就难以得到有效的发挥。身体素质是由健康素质和运动素质构成的。通常情况下,足球后备人才的运动素质指标主要有以下几个方面。

(1)速度素质。在足球运动中,速度素质非常重要,良好的速度素质能加快攻守速度和节奏,在争取主动权方面有一定优势。可以通过30米、60米和100米跑来检测运动员的速度素质。

（2）耐力素质。耐力素质也是足球运动员的基本素质。一般情况下，人的耐力素质的好坏，主要取决于人体循环系统、肌肉系统、呼吸系统、神经系统水平这几个因素。我们可以通过 800 米，1 500 米计时跑等来简单地检测运动员的耐力素质。

（3）力量素质。在足球运动员的力量素质中，爆发力和快速力量是其中重要的内容。对于足球运动员而言，良好的腰背肌力也是不可或缺的，只有具备这些力量素质，才能保证其完成比赛中大量跑、跳、抢等动作。可以通过收腹举腿测腹肌力、三级蛙跳测试等方式测试运动员的力量素质。

（4）弹跳素质。作为一名出色的足球运动员，具备基本的弹跳力素质也是非常重要的。一般来说，足球运动员的弹跳能力会对足球比赛中的控制权产生直接的影响。运动员的弹跳素质与爆发力、无氧代谢能力和全身协调能力之间也有一定的相关性。我们可以通过助跑单脚摸高的方式来测试运动员的弹跳素质。

（5）灵敏素质。足球属于一项攻守对抗非常激烈的运动，在比赛中，运动员对球权的争夺，对时空的控制等都要求其具备良好的灵敏素质。可以说，灵敏素质是各种素质和运动技能在运动中的综合表现。我们可以通过十字跳的方式来测试运动员的灵敏素质水平。

4.心理指标

心理素质也是运动员应该具备的重要素质，一般来说，足球运动员的心理指标主要有以下几个方面。

（1）操纵准确度。操纵准确度，就是指运动员用手、臂或脚快速、准确完成较大任务的能力。对于足球运动员来说，其近距离投篮、远距离投篮等对操纵准确度都有非常高的要求。

（2）上下肢协调性。上下肢协调性，就是指一个人用手和手、手和脚或脚和脚的协调和配合动作的能力。足球运动员在做摆脱过人等技术动作时，就要求必须具有非常好的上下肢协调能力，这也是足球后备人才的一个非常重要的指标。

（3）反应时。反应时，就是机体对某个刺激快速做出反应的能力。一般情况下，反应时的长短能够在一定程度上反映运动员的起动反应能力，如足球比赛中罚角球时运动员争抢头球的能力。一般来说，不同的足球后备人才的心理运动能力是有着显著的差异性的，在选拔时要具体情况具体分析。

5.智能指标

每一名运动员都是不同的,无论是身体素质还是心理水平、运动素质等方面都存在着一定的差异。除此之外,个体的智能水平也是不同的,主要原因在于先天的遗传以及后天环境的影响,其中,教育的作用尤为显著。

一般来说,人的智能主要是通过行为表现反映出来的,行为表现的物质基础是神经系统。神经系统在人体生长发育过程中是最早形成,且最早定型的。在足球后备人才的选材中,也不要忽略了智能这一指标,这一指标将会对运动员的未来发展产生深远的影响。

二、足球运动选材的方法

(一)足球运动选材方法概述

1.足球后备人才选拔方法的划分

依据不同的划分标准,足球后备人才的选拔可以分为多种方法,其中常见的主要有以下几种。

(1)按照选材的基本因素划分。依据选材的基本因素划分,可将足球后备人才的选材方法分为:遗传选材方法、年龄选材方法、体型选材方法、身体素质选材方法、生理机能选材方法、生化特征选材方法、心理选材方法、运动技能选材等几种。以上这些选材方法都是较为常见、应用比较广泛的,选材人员一定要掌握以上几种选材方法的能力,选拔出合格的人才。

(2)按照选材发展的科技水平划分。按照选材发展的科技水平,可以将选材方法分为以下三种。

①经验法。经验法,就是指通过借鉴过去选材的成功经验和失败教训,来对目前的足球后备人才选拔进行科学的评价、预测的方法。

②追溯法。追溯法,就是指对足球后备人才过去(成长过程)的情况进行追溯,并通过借鉴制定选材模式,来进行足球优秀后备人才选拔的方法。

③科技法。科技法,就是指通过采用科学的测评方法手段,通过客

观测定的数据或结果来进行足球后备人才选拔的,这一方法讲求客观性和科学性,因此,也被称为科学化法。

（3）按照选材工作类别划分。依据选材工作类别可将足球后备人才的选材方法分为:运动选材的组织管理方法、选材指标筛选方法、选材标准确定方法、选材指标测试方法、选材测试结果评价方法、选材结果检验方法、选材预测方法。

（4）按照选材层次划分。依据后备人才的选材层次划分,可以分为:初级选材阶段选材方法、中级选材阶段选材方法、高级选材阶段选材方法。

2.足球后备人才选拔方法的特点

（1）客观性和可靠性特点。足球后备人才选拔的对象主要是青少年运动员,这是一种客观存在的社会现象,因此选材方法就呈现出一定的客观性特点。而选拔方法的可靠性则主要针对的是足球后备人才选拔方法中的测试器具、测试过程、测试结果的评价和预测这些方面提出的要求,要保证这些方面是客观的、正确的、统一的并有可靠的科学依据。

（2）系统性和层次性特点。由于运动能力的组成因素具有系统性,相应的,足球后备人才选拔的方法也具有这一显著特点。这一特点主要从选材层次、选材年龄、选材内容、选材指标、选材标准以及选材的组织管理方法等方面得到体现。

在足球后备人才选拔的整个系统中,还是对层次进行划分的。通常,将足球后备人才选拔的层次理解为:不同选材类别的高低、前后的顺序位置。一般来说,我国足球后备人才选拔的层次主要有:基础、初级、中级、高级选材(拔)四个层次。每个层次有初选、复选、定向、决选四个阶段,中高级层次选材(拔)可无定向阶段。由于足球后备人才选拔的层次不同,这就决定了所测评的内容及方法也是有所差别的,它们之间的关系为:层次越高,运用方法越多,耗时越长,各测试指标标准越高,测评考察的深入细致程度也就越高。

（3）多样性和综合性特点。没有只用一种选材方法就能够保证选材的客观性、科学性和可靠性的,因此,要想达到理想效果,就需要采用多种选材方法进行综合运用,这是选材工作需要和选材的发展趋势,这对于足球后备人才选拔方法也是适用的。通常来说,足球后备人才选拔所用到的这些选材方法既是互补的,又是可以独立存在的。在选择和运用足球后备人才选拔时,为了保证选拔的效果,需要综合权衡,决定取舍。

(二)常见的足球运动选材方法

1.年龄选材法

年龄选材法主要指的是通过对人体生长发育的年龄特征、发育程度的鉴别以及各运动项群的适宜选材年龄的确定进行运动选材的方法。了解人体生长发育和运动素质发展的年龄特征以及对儿童和青少年发育程度的鉴别方法是该方法的应用关键。对其发育程度进行鉴别,常用的判断依据是日历年龄与生物年龄的关系以及青春发育高潮期起始时间和持续时间的长短。

鉴定运动员的发育程度非常重要,进行鉴别的方法有很多种,其中,骨龄法、齿龄法以及用睾丸和"第二性征"法等几种是较为常见的。

2.遗传选材法

遗传选材法的具体方法有很多,比如家族选材法、皮纹选材法、遗传力选材法、环境选材法、染色体选材法、性别选择法、相关选材法、经络选材法等。每一种方法所适用的范围以及侧重点都会有一定的差别,需要具体情况具体分析。

下面重点介绍其中几种常用的遗传选材法。

(1)家族选材法。通过对备选者家族情况的调查,对影响运动员运动能力的某个或某些因素(性状)的遗传规律、遗传方式和遗传情况进行了解,从而对运动员的现状和未来发展趋势进行测评,决定取舍的方法,就是所谓的家族选材法。该方法是当对某个选材对象的某个指标(性状)进行调查时,首先要对这个人家庭中若干代直系和旁系与这个指标的关系和表现进行必要的调查,然后再展开具体的研究与分析。

(2)皮纹选材法。通过对皮肤纹式的研究,探讨其与组成竞技能力各性状之间的关系,并运用这些特征和规律对备选对象的状况进行辅助测评,从而准确地选拔优秀运动员的方法就是皮纹选材法。这一选材方法在足球运动选材中也较为常用。

(3)遗传力选材法。遗传力选材法是指通过对组成运动能力的性状的遗传力的研究,结合对备选对象直系或旁系亲属有关性状的了解,评定运动员在某方面运动能力的方法。通过这一选材法的运用通常能实现最佳的选材指标。

3. 形态选材法

形态选材法是指根据运动员的体型或未来体型的发展趋势,对其进行测量、评定的选材方法。在足球后备人才的选材中,常用的形态选材法主要有以下几种。

(1)体型测量法。体型测量法测量的内容主要包括长度、宽度、围度以及充实度等几个方面,具体如下。

①长度测量。常用直尺或卡尺来测量,主要是对身高、臂长、下肢长、坐高、手长、足长、跟腱长等的测量。

②宽度测量。常用测径尺来测量,主要是肩宽、手宽、足宽、骼宽、髋宽等。

③围度测量。常用皮尺进行测量,主要是胸围、臂围、腿围、臀围等。

④充实度测量。即通过对肌纤维类型的测试,对肌肉中红白肌的比例进行判断。

(2)体型预测法。一般来说,体型预测法主要包括对身高和体宽的预测两种。

①身高预测。这一预测法主要包括以下几种。

用父母身高预测子女未来成人身高法。

用当年身高预测未来成人身高法。

用肢体发育长度预测未来成人身高法。

在判断发育程度的基础上预测未来身高法。

②体宽预测。体宽预测的方法主要通过对不同年龄段的体宽指标占成人体宽的百分比来计算。

(3)体型评价法。体型评价法主要用于对身体的胖瘦、高低及身体各部分的比例等进行评价。常采用体型的外在特征和体型指数来评价。

4. 机能选材法

通过对运动员生理机能的测评选拔优秀运动员苗子的方法称为机能选材法。机能选材法中,生理机能测评的指标很多,常用的测评指标有呼吸系统机能测评法和心血管系统机能测评法两种,具体内容如下所述。

（1）呼吸系统机能测评法。呼吸系统机能测评法主要包括肺活量测定法、五次肺活量测定法、最大摄氧量测定法等几个方面。

（2）心血管系统机能测评法。心血管系统机能测评法,则主要包括30秒三次蹲起机能试验法、60米跑心功指数法、哈佛台阶试验法、联合机能试验法等几个方面。

5. 技能选材法

技能选材法指通过运用科学诊断和经验判断,对备选运动员的技术和战术能力进行分析和评价,从而选拔优秀运动员苗子的方法。运动技能选材法通常在中级选材过程中运用。

6. 素质选材法

身体素质选材法指通过对运动员身体素质的测评,决定运动员取舍的选材方法。

身体素质的测评指标应根据不同专项而不同。

常用的指标有:握力、背肌力、腿力、引体向上、俯卧撑、仰卧起坐、屈臂悬垂、纵跳、跳远、不同距离跑、体后屈等。

7. 心理选材法

心理选材法是指运用现代心理学的理论,从心理素质方面选拔优秀运动员后备人才的方法。

运动员的心理能力主要包括:注意力的集中和持久性、运动记忆的准确与牢固性、运动知觉的广度与深度、运动反应的速度与稳定性、运动表象的完整与清晰性、运动感觉的敏锐与稳定性、运动思维的迅速与实效性等。

运动员的心理能力评测主要包括一般心理能力和专项心理能力两个方面。其中,专项心理能力的具体测评指标有视觉反应时、起跑反应时、动作反应的迅速性与准确性测试、臂腿动觉方位辨别、动作频率及频率感、肌肉用力感、速度感测定、动觉时间估计、注意力测定、平衡力测定、计数耐力测定、空间定向能力测定、动作稳定性测定等多个方面,选材者可以结合运动员的具体情况有针对性地对其进行评测。

8. 综合考查法

综合考查法是指通过对被选拔者的摸底预测、综合信息的分析等方法选出后备人才的方法。这一方法较为客观和实用,可全方位地考查被选拔者的整体情况,但操作性不够强,适用于选拔高水平运动员。

常用的综合考察法主要有以下几种。

(1)摸底预测法。摸底预测法是根据竞技人才应有的素质要求,较大面积地对应选人员的有关指标进行测定,预测出未来的发展潜力的一种方法。运用摸底预测法选材难度较大,需要有科学的理论指导,有专门的仪器进行测检,还要有相关专家的配合,但它的科学性较强,能选拔出较高素质的人才。

(2)训练观察法。训练观察法是通过运动训练,对学员运动能力进行考察的方法。这一方法主要是对目标对象的运动素质、心理素质、思想品质、对运动的感受等素质进行全方位的考察。

(3)信息跟踪法。人才不是一个孤立的、封闭的系统,它总是不断地向外界输出有关信息。从信息论的角度看,发现竞技后备人才的过程,就是对人才输出的信息进行收集、整理、分析和判断的过程。

综上所述,运动训练选材的方法有很多,在实际操作中为了提高选材的正确性,一般在选拔人才时,为了能够更好地提高运动员的成才率,需要将各种选材手段和方法综合起来利用,如此才能保证选材的成功率。

(三) 选择足球运动选材方法的要求

足球后备人才选拔能够用到的方法是非常多的,不同选材方法的作用和应用范围也各不相同,因此,为了保证选材的效果,不能随意采用,而应该进行科学的筛选。

在科学选择足球后备人才选拔的方法时,一定要具备科学的理论基础,并且参照足球运动对足球后备人才个人条件的基本要求,与选材的层次、具体目的及任务相结合才能进行。要保证足球后备人才选拔方法的合理性,需要符合以下几个标准和要求:客观性、可靠性、有效性、经济性、可行性。

第二节　我国足球运动后备人才培养与储备的现状及问题分析

一、我国足球后备人才培养的现状

当前,我国足球运动后备人才的培养主要有以下几种模式。这几种模式都有自身的特点和优势,同时也存在着一些不足,需要综合起来加以利用。

(一) 职业俱乐部培养模式

在竞技体育高度发展的今天,很多的运动项目都走上了职业化发展的道路。足球可以说就是职业化的代表和典范,成为职业化程度较高的一项运动项目。足球职业俱乐部能根据青少年身心发展的规律、教育规律、青少年足球训练规律和市场规律,充分发挥职业足球俱乐部的专业优势,将青少年足球运动员培养成为德、智、体、美全面发展和具备较高专业水平的职业球员及其他足球人才,这种足球后备梯队模式对足球后备人才的培养是非常有利的。目前我国的职业足球俱乐部培养模式,职业足球俱乐部是培养主体,性质为企业法人,这与之前的培养模式相比发生了根本性的变化。

与其他的人才培养模式相比,职业俱乐部后备人才培养的模式具有多方面的优点,这些优点主要体现在以下几个方面:第一,训练设施比较齐全和完备,教练员资源比较丰富,训练时间较为充足;第二,培养目标比较明确,运动员拥有更多的参赛机会;第三,后勤保障比较完善,梯队建设水平较高。但需要注意的是,职业俱乐部人才培养模式也有一定的缺点,那就是文化教育较为薄弱,缺乏企业化的管理,管理水平较为低下。

在职业俱乐部后备人才的培养中,要针对青少年身心发展的特点,遵循全面发展的教育规律,安排好他们的文化教育学习。除此之外,还要按照青少年足球运动员成长的规律,充分发挥职业足球俱乐部特色鲜明、专业性强的专业优势,合理地组织训练与比赛活动,提高运动员的训练和比赛水平,同时在队内形成一个良性的竞争机制。

(二) 体育局系统各级青少年足球培训模式

体育局系统各级青少年足球培训模式是我国所特有的人才培养模式,这种培训模式主要由省、市体育局出资举办并负责管理,由当地足球运动管理中心(足协)具体组织实施。以全运会、城运会、省运会比赛为主要目标,运动员培训以全运会、城运会、省运会规定年龄段为标准,球员的选拔主要在青少年体校、足球重点中学和业余青少年足球俱乐部中进行,这种模式比较有针对性,选拔出的球员大都具有不错的足球基础,这对于今后足球培训工作的开展具有积极意义。

为培养出大量的高素质足球人才,国家体育总局决定在 2009 年第十一届全运会上,分别增设男、女乙组足球比赛,金牌总数达到 7 枚。这一举措极大地调动了各级政府的积极性。各省市纷纷建立了一批足球后备人才培训基地,这对于我国足球运动的发展是非常有利的。

(三) 社会力量兴办的青少年足球培训模式

社会力量兴办的青少年足球培训模式是指由个人、企业、社会团体等出资兴办的青少年足球培训体系。以"走训制"为依据,又可分为学习、训练、生活三种社会力量办(民办)足球学校和依托普通中小学、公共体育场馆、营利性体育场馆等,利用课余时间或假期进行业余青少年足球训练的各种形式的青少年业余足球俱乐部。以上这几种形式的足球学校和足球俱乐部,都必须在当地教育、体育(足协)、民政管理部门登记注册,取得社会力量办学资质。

(四) 学校足球模式

学校足球是指由政府投资,或少数改革开放之后由社会力量兴办的,隶属各级教育行政管理部门的"九年义务制"中小学和高中学历教育的高级中学中开展的青少年学生足球运动。学校足球在国外足球发达国家非常受重视,是选拔足球人才的一个重要途径。

学校足球模式对我国足球运动的开展也起到了非常重要的作用,在学校足球模式中,贯彻素质教育思想和全面发展的方针,以学习为主,坚持业余训练的原则,有些已将足球纳入到校本课程体系之中,把开展足球活动作为学校体育工作计划和共青团、少先队体育活动的一项内容,组建了班级、年级或校级运动队,开展了多种形式的班级、年级或校级间的足球竞赛,为在中小学普及足球运动,扩大青少年足球规模,起到了积极的推动作用。

目前,总体来看,大部分开展学校足球的中小学,都是原"三级"青少年培训体制中市、县二级体校的布点学校或足球传统项目学校。这些学校为当地、国家培养和输送了一大批足球人才。

二、我国足球后备人才培养的问题分析

与国外足球发达国家相比,我国在足球后备人才的培养方面还存在不少问题。概括地说,我国青少年足球后备人才培养中存在着以下几个问题。

(一) 理论指导比较匮乏

据调查发现,我国足球后备人才的培养还存在不少问题,总体来看,足球运动的普及面小、成材率较低且质量不高。导致这些问题的主要原因有很多,其中缺乏必要的理论指导是最为重要的原因之一。

由于缺乏科学的理论,我国在青少年后备人才培养中就难以形成统一的思想及认识,发展方向不明确,判断、驾驭形势变化能力不强;工作思路比较混乱,急功近利,缺乏科学系统的中长期发展规划;组织落实结构无序,难以到位。这对于我国足球运动的长远发展是十分不利的。

为促进我国足球运动的发展,培养出大量的高水平运动员,我们应该依据中国足球运动发展的需求,将青少年全面发展的教育规律与市场经济的规律充分结合起来,从而培养出高素质的足球后备人才。

(二) 训练理念落后

为促进我国足球运动水平的提升,我国也曾经尝试过一系列的足球改革,借鉴过欧美等足球强国的训练模式,但这些都仅仅停留在国字号球队、职业俱乐部等层面,并且也没有结合自己的具体实际与特点,形成自身特有的训练理念和模式。目前,总体上来看,我国足球教练员的执教水平偏低,缺乏系统的学习与培训,导致我国足球后备人才没有获

得一个良好的发展环境,在这样的情况下,自然难以培养出高水平的运动员。

(三)缺乏科学有效的"多元化"培养体系

虽然我国也经历过一系列的足球职业化改革,但改革仅仅停留在表面,忽视了继承、改造原有的"举国体制"后备人才培养体系的问题,简单地把青少年后备人才培养的任务交给了市场和社会,导致政府失去了应有的主导地位。导致我国原先的足球后备人才培养体系消退殆尽,人才培养的渠道非常少,足球运动市场发展态势不良,与国外足球强国的差距越来越大。

第三节　我国足球运动后备人才培养的建议与对策

一、我国足球后备人才培养的建议

(一)制定明确、切实可行的培养目标

足球后备人才的培养是一项非常重要的工作,这一项工作在很长的一段时间里,都没有引起我国相关部门重视,这也是导致我国足球运动水平不高的重要原因所在。要想培养出高素质的足球后备人才,首先就要制定一个切实可行的培养目标,这是最为重要的基础。在具体的实践中,教练员要调查与掌握每一名运动员的基本情况,从而确定合理的培养目标。每一名运动员都是不同的,在身体条件、运动基础、运动动机等方面都存在着不小的差异,因此,在培养目标的制定上要因人而异,不能盲目进行。例如,有些年轻的运动员参加足球训练是因为对足球的热爱,有些运动员可能是受父母的要求,作为教练员,一定要调查情况,然后制定切实可行的合理的培养目标。

每一名运动员的具体情况都是不同的,如有的运动员足球基础较好,有的运动员基础较差,有的运动员训练水平较高,有的运动员训练水平较低等。因此在进行足球训练时,一定要创建一个合理的训练体系。一般情况下,教练员要注意不同年龄阶段运动员训练的内容和要求,

在培养目标的安排上要有一定的针对性,促进所有的后备人才的发展。

(二) 创造轻松有趣的训练氛围

在平时的足球训练课上,教练员不仅要起到重要的示范和指导作用,而且还要时刻观察运动员的一举一动,为运动员创造一个轻松愉快的训练氛围,激发运动员参与训练和比赛的积极性,从而提升训练水平。在早期阶段,教练员应该明白不要过早地固定球员场上的位置。这一阶段的训练是帮助运动员了解和熟悉场上所有的位置,在这样的训练安排下,能有效激发运动员训练的热情,从而提高自己的运动训练水平。

对于足球后备人才的培养而言,比赛成绩和结果当然是重要的,但也不要过于追求这方面的成绩,而是要更加注重运动员在训练和比赛中的实际表现。在平时的训练中,教练员应给予运动员积极的鼓励,提高运动员的训练质量。

(三) 提高教练员的教学专业水平

教练员无论是在运动员的训练还是基本能力的培养中,都发挥着极为重要的作用。在教练员的指导下,运动员参加训练活动,提高训练水平。教练员要想提高足球运动员的训练水平,首先就要具备全面而丰富的足球知识和足球专业水平,这就需要建立一个教练员培训部门,加强教练员的培训和管理。只有教练员的水平提高了,才能为后备人才的培养与发展奠定良好的基础。

(四) 提高教练员的观察力和思考能力

在平时的足球训练中,为更好地为足球后备人才做示范,教练员要十分注重自己观察能力和思考能力的提升,这样有助于教练员组织与管理整个足球训练过程。在具体的培养与训练中,教练员要选择适合运动员身心发展特点的练习活动,每开始进行一个新的练习,都要仔细观察队员们对这项练习的反应、难易程度和强度大小等情况。通过多方面的观察,进一步提高自身的思考能力,能真正地发现足球训练中存在的问题,然后去加以改进。除此之外,教练员还要学会制订合理的运动计划或方案,指导运动员依据足球计划或方案按部就班地参加训练。

二、我国足球后备人才培养的对策

(一) 确立正确的人才培养目标

为促进足球后备人才的健康发展,在对其进行挖掘与培养的过程中,首先就要确立一个正确的培养目标,这是至关重要的。很多欧美国家的青少年足球运动员的培养主要具有业余性,将训练置于教育系统中,在不摆脱教育环境的条件下进行训练。德国很多的足球学校开展训练活动,没有提出向上级组织输送足球人才的培养目标,进行足球训练主要还是为了让学生有更好的运动体验,是为教育目标服务的。但随着足球运动商业化、职业化水平的提升,他们竞技足球后备人才培养机制本身存在的矛盾越来越明显,其主要原因在于他们自我的文化追求和高度商业化发展形势对其产生了影响,对足球后备人才的培养目标产生了一定的影响。因此,我国一定要确立正确的目标。

(二) 尊重人才的主体性,围绕主体需要完善动力机制

运动员要想提高自己的运动训练水平,必须要有一个良好的动机,这就需要遵守人才的主体性,围绕运动员这一个体构建一个完善的动力机制。青少年喜欢足球运动,对这项运动有较高的兴趣,这是其参与足球训练的主要动力。各级人才培养组织的动力既有满足自身发展的需要,也有国家利益的驱动。但动力主体始终都是个体或组织本身,而且他们既是使动力得以产生的主体,也是利用动力、在动力驱使下开展训练工作或接受训练的主体。因此我国也要充分尊重青少年足球后备人才的主体性,充分激发他们参与足球训练的积极性,促进训练水平的提升。

(三) 注重物质激励,按培养目标完善激励机制

为促进足球后备人才运动水平的提升,还需要构建一个完善的激励机制,其中物质激励是一个十分重要且有效的手段。在足球后备人才的培养中,可以通过提供社会资助和发放奖学金来激励获得优异运动成绩的运动员,足球特长生获得这些资金或资助能够解决学费问题。世界上

有很多的国家围绕人才培养目标来选择激励手段,取得了不错的成果,这对于我国足球后备人才的培养具有一定的借鉴意义。

(四) 培养组织充分发挥自己的控制作用,实行严格控制

在足球后备人才培养中,培养组织和培养对象都要通过自律来规范自己的行为,同时人才培养组织也要发挥自己的控制职能,对运动员的行为进行合理的规范与控制。制定法律制度是控制的重要保障,因此我们要制定人才选拔制度、竞赛制度、学训制度等相关制度,控制运动员的学习与训练行为,不断提高运动员的足球训练水平,这对于我国足球运动的发展具有十分重要的意义。

(五) 构建完善的足球后备人才培养的保障机制

足球后备人才的培养与发展需要建立在一定的公平、公正基础之上,其中高水平的足球运动员是主要保障对象。人才培养中所需的基础设施建设主要由国家负责,培养过程中涉及的经费、保险由政府、社会及个体共同承担。人才培养组织机构在市场化运作中吸收市场闲散资金来解决人才培养的经费问题,为人才培养工作的顺利开展提供必要的基础保障。

第三章　足球后备人才体能训练

体能是球员在长时间、高强度的激烈比赛中持续工作的能力,一个运动员的体能决定了他的竞技能力的基础,是承受超强负荷的训练和比赛的前提条件。体能是运动员技战术持续提高的基础,也是维持良好的心理状态的基础,甚至对运动伤病和运动寿命都有直接影响。本章将对足球体能的几种分类、足球后备人才在力量与速度、有氧耐力和无氧耐力、运动员的身体柔韧性和协调性的专门训练,以及位置体能进行详细的论述。

第一节　足球运动体能特征分析

体能训练是足球训练的重要组成部分,而足球运动的特有性质又决定了足球体能训练的独特要求。比如足球的比赛场地大小、时间长度、运动员的运动规律等决定着足球运动体能训练的形式和内容。

足球运动员的体能提高是一个长期递进的过程,遵循着由少到多、由低到高的过程逐渐地提高和积累。按照足球体能训练的类型,分为一般身体训练和专项身体训练。运动员的体能可由遗传因素和日常生活所决定和影响,在教练的指导下,进行有计划、有步骤的体育活动,是提高运动员体能的主要方法和手段。

一、足球运动的特征

(一) 场地大、跑动多

足球场地有 7 000 多平方米,在 90 分钟的比赛中平均每名运动员的跑动时间为 31 ~ 35 分钟,跑动距离在 9 000 ~ 14 000 米之间(世界高水平运动员)。也就是说,足球比赛中除了激烈的攻防对抗以外,相对于其他运动项目,运动员的体能负荷也是非常大的挑战。

(二) 跑动距离、速度、跳起、转向的多样要求

由于比赛的需要,运动员在跑动中会随时在慢跑、快跑或者冲刺跑中切换跑动形式,跑动的距离长短不等,从 5 米到 60 米都有可能;变向角度大小不等,有时甚至是 180° 转角。一切都随着比赛的节奏和攻防情形的变化而变化。同时还伴随着一系列的跳起动作,比如争顶高空球、胸部停球、扑球等。

(三) 无球跑动、有球跑动

一名运动员在一场比赛中的控球时间只有 2 ~ 3 分钟,而在其余时间里都是在无球跑动,运动员需要不停地跑位、选位、补位、抢断、接应等。在控球的时间里,运动员积极地运球、传球也都是在跑动之中完成的。

(四) 需要爆发力和急停能力共存

运动员在跑动之间会有不同方式的间歇,比如慢走或者站立,足球运动要求运动员具有随时启动的爆发力,同样也需要在快速跑动中有突然制动急停的能力。

(五) 以下肢为主的持续运动

足球运动员在比赛中除了短暂地慢走和站立时间之外,几乎都处于跑动之中,而且是在不同速度的跑动中不停变换。尽管在跑动时是全身的组织和肌肉共同发力和协调来完成,比如腰部、腹部、上肢等,但是主要还是以下肢肌肉为主。下肢肌肉需要能够持续地工作,才能适应跑动多、场地大的足球比赛的特性,并且能够随时应对急停、制动以及抢球时会发生的合理冲撞等。

二、足球运动员的身体形态特征

身体形态作为体能的物质基础,在运动员体能中具有重要意义。运动员的身体形态不但直接反映了人体的体貌特征,也反映了具体的局部

形态特征,运动员能力的好与坏、强与弱在一定程度上可以在身体形态上有所表现。身体形态也与运动项目的特征息息相关。比如,对于足球运动员来说,身高过高或过矮,体重过重或者过轻都不合适。如果身材过高和过重,那么灵活性和速度必然受到约束;身材过小那对抗能力又会减弱。因此,从足球项目来看,运动员的身体形态对场上位置的选择是有一定的相关性的。

三、足球运动员的身体机能特征

身体机能是人体活动能力的基础,良好的身体机能是取得优异运动成绩的重要条件。反映身体机能的指标主要和遗传以及环境有关。因此,身体机能有先天的因素,同时也可以经过后天的训练得到一定程度的提高。比如优秀的足球守门员应具备出色的无氧能力;而前卫应具备超强的有氧能力和奔跑能力;中后卫则应具备一流的无氧能力。

四、足球运动员的运动素质特征

足球运动员的运动素质一般可分为力量、耐力、柔韧和灵敏等方面。足球运动员的速度素质又包括反应速度、动作速度和移动速度。其中,反应速度是指人体对各种信号刺激快速做出应答的能力。比如足球运动员在球场上要对各种刺激做出快速准确的应对。

五、青少年足球运动员的体能发展特征

作为足球后备人才,基本上都是青少年运动员。青少年的体能训练具有年龄阶段性和周期阶段性的特性,既受自身发展规律的影响,也受体能训练的影响。一般来讲,体能在自然发展过程中会出现自然增长阶段和稳定阶段,自然增长阶段又分为快速增长阶段和缓慢增长阶段。一般情况下,男子在1~20岁时身体素质达到高峰;而女子一般呈双峰型,在11~14岁出现第一个波峰,19~25岁出现第二个波峰。对于运动员而言,其体能水平在22岁达到或者接近最高水平,因此,科学的体能训练和合理的阶段性训练计划,对青少年时期运动员的体能发展至关重要,这将决定着他们获得最高体能的程度。

据南斯拉夫教练柯柯维奇的经验发现,人体每项素质都有不同的发展敏感阶段,在一定的时期内每个球员的能力可以有针对性地进行训练。比如速度素质的发展敏感期从 5 岁开始,8 岁达到高峰期,也就是说 12 岁之后再进行速度训练,可提高的空间相对有限。因此,教练员应该熟知青少年时期素质与技能发展的时间规律,并适时、适龄、循序渐进地进行训练,才能达到最佳效果。

第二节　足球力量与速度训练

一、力量训练

力量素质是其他各项素质的基础,比如各种技术能力、战术能力以及综合能力等,是运动员完成各个技术动作如跳起、转身、加速跑、急停、迅速启动以及运球、传球、合理冲撞、射门等技术动作的基础,没有力量就没有其他一切技能。足球运动员需要在克服自身体重的前提下,完成各种技战术动作。它的力量特点是以爆发力为主的一种非周期性肌肉活动。

(一)力量训练的基本原理

(1)足球运动员的力量训练要与足球比赛中肌肉运用的特点相吻合。

(2)青少年运动员的力量训练要结合其年龄阶段和身体发育周期的规律相适宜。

(3)逐步增强参与足球运动中的主要肌肉纤维组织,并使其代谢过程加强,以适应足球比赛中肌肉持续工作的特点。

(二)力量训练的常用方法

足球运动员最重要的是训练爆发性力量素质,特别是腰腹部、髋部、膝部和踝关节处的力量。

1. 颈部肌群的力量训练

身体仰卧,头枕在实心球上,用双手手掌撑地。练习时手掌撑地,同时向上挺腰部、腹部、臀部，主要以颈部用力，用手臂保持身体平衡。注意练习前要做足准备活动，练习后做放松活动和伸展活动，也可适当地按摩以帮助放松。

2. 上肢力量的训练

（1）身体仰卧在卧推椅上，选择合适重量的杠铃在胸前做向上推举运动。上推时用爆发力，上臂充分伸展，下放时尽量慢慢放下。练习前后应做热身活动和放松活动。

（2）两名队员一组。一名队员双掌撑地，两臂保持伸直，向前爬行，另一队员握住其脚踝，呈"推车"状。注意爬行的队员始终保持躯体平直，不能塌腰，不能提臀。协助提腿的队员应以跟随为主，不要向前推或者向后拉拽。两人交换位置进行练习。

（3）两人一组相对 3 米左右站立，相互之间平推实心球。可以分别以站立姿势和蹲起姿势交替练习。

3. 肩背肌肉群的训练

队员站立于肋木旁，双臂上举，双手紧握另一端固定在肋木上的弹力绳，然后直臂向身体两侧下拉。练习时注意两臂保持伸直，否则影响训练效果，同时注意固定好弹力绳以免伤人。

4. 腰腹肌群的训练

（1）仰卧屈体练习，俗称"两头起"，要求动作应该快起慢放，身体和脚注意不要弹地而起，那样会影响训练效果；另外还有仰卧举腿练习，上身仰卧并保持不离地面，不要弯腰，双腿伸直举起与上身成 90° 角。

（2）身体呈蹲姿，背靠肋木，两臂伸直握住肋木，屈髋、屈膝、用力收腹提腿，身体尽可能触及脸部，腿落下时尽量放慢速度，保持脚不落地。练习前后都要做热身和放松活动。

（3）身体仰卧，两腿伸直举起与地面成 35° ~ 40° 角，两手臂撑地保持身体平衡。两腿做画圈运动，或者左右摆动。运动过程中，始终保持两腿伸直。完成规定次数，做放松活动。

（4）两人一组相对而坐，双方的脚在对方的膝盖附近，两人同时抬脚在空中做绕圈运动，练习时注意双腿伸直，双脚不能落地，身体素质好的球员可以坚持不扶地。完成一定的次数后做放松活动。

（5）如果没有队友合作，需要独自完成，可以双脚夹球练习，动作要求同上。

（6）两人一组，一人俯卧双臂双腿伸直，另一人压住该名球员的脚踝处，练习时俯卧的球员向上连续屈体，使腹部离开地面。注意练习是双腿伸直，身体快起慢落，两人交换练习。完成规定的次数做充分的放松活动。

（7）两人一组相对站立。一人双脚夹实心球（注意不能将球放在脚面上传球），收腹起跳并将球抛给对面球员，注意传球时要抛出一定的高度。

（8）两人一组，背对背站立，相距5米，对于年龄较小的球员可适当减少距离。两人以转身侧传实心球，左右交替进行，要求抛球时脚不能移动，且在转体最大幅度时再抛球，以球不落地为目标，完成规定次数做放松活动。

5. 大腿肌群的训练

（1）屈膝收腹跳，并尽量使脚跟触到臀部，双膝尽快贴近胸部，尽量跳到最高，落地后迅速开始第二跳，这个练习速度最重要。

（2）球员双腿开立，肩负适当重量的杠铃，放低身体重心，连续做蹲跳动作。注意练习时颈部挺直不塌腰。完成规定次数的练习后做放松活动。

6. 小腿肌群的训练

球员双脚分开站立，肩负适当重量的杠铃，双脚脚掌踩在离地有一定距离的台面上，提踵，使脚跟与脚掌在同一水平面上，反复练习。完成规定次数后，做放松活动。

7. 腰部及下肢肌群训练

球员自然站立，双脚分开，肩负适当重量的杠铃，轻轻向上跳起，双腿成弓箭步落地，注意每次落地时双脚前后交换位置。注意上身挺直，不可以塌腰。完成规定次数后做放松活动。

二、速度训练

速度素质是指快速运动的能力，速度能力对足球运动员具有非常重要的意义，过硬的速度是赢得时间和空间优势的决定性因素。速度往往也体现了个人或者球队的进攻能力。速度可以分为反应速度、动作速度和移动速度,是一个人整体反应能力的水平。

(一)速度训练的基本原理

速度训练应该在模拟比赛情形的环境下进行,尽可能地提高球员的反应速度、动作速度和移动速度。

(二)速度训练的常用方法

1.反应速度的训练

(1)信号刺激。信号刺激的目的是训练运动员对比赛中经常出现的几种信号的反应能力。例如裁判的吹哨声,教练或队友的手势等。

(2)对运动时间的感觉。此方法目的是培养运动员对自己反应时间的准确判断并有所提高,训练分为三步。

①让运动员以最快的速度对某一信号做出反应,并告知他所用的时间。

②练习前让运动员自己估计时间,然后教练把球员实际用的时间告诉他,目的是培养球员对时间的感觉。

③教练要求球员以事先规定的时间对某一反应做出应对。

(3)移动目标的练习。训练球员对移动目标迅速并准确做出应对,一般分四步。

①看到或听到目标移动所发出的信号。

②迅速判断目标移动的方位及移动速度。

③由此选择自己的行动方案。

④实现方案。

其中第二步判断目标的移动方位和速度是训练重点。随着球员的水平提高逐渐增加训练难度,如提高移动速度或缩短反应时间。

(4)选择性练习。这是相对复杂的反应速度的练习,例如让球员做出与指令相反的动作——教练喊出"向左转"时球员向右转。

2.动作速度训练

(1)利用外力控制动作速度。例如利用顺风跑或者下坡跑获得加速后效作用后训练增加步频;或者利用弹性拉力器针对腿部进行动作速度训练。球员需要掌握助力的时间和利用时机,以及借力的分寸感,以便能游刃有余地达到目标动作速度。

（2）缩短完成练习的时间和空间。在小场地练习,通过缩短活动范围和时间,提高完成速度。

3. 移动速度训练

（1）启动速度的练习。不同姿势的启动跑。如蹲距、站立、侧向转身、背向转身、坐地、仰卧、俯卧、原地跳跃等姿势作为启动姿势,然后在不同信号后迅速启动。这是结合反应速度的综合训练。

（2）加速练习。在慢速跑时给出不同信号练习加速跑;在以常规速度运球、传球的时候给出信号让球员练习突然加速运球和传球等。

（3）全速练习。

①采用10米、30米、60米、80米的快运球练习,目的是提高运球的速度。

②两组球员相距20米两两相对站立,每两人的中间位置放一个足球,待给出信号后,快速争抢足球。

（4）变向速度。变向是指球员在快速跑动中,包括无球快速跑动和运球快速跑动,能够克服惯性迅速转向并仍然保持全速跑动的能力。变向包括向左右两侧不同角度的转向,也包括折返跑。练习方法可以是听教练指令变向或折返计时练习,也可以让球员绕固定的障碍物做变向或折返的速度练习。

第三节　足球有氧耐力和无氧耐力训练

耐力素质是指机体长时间保持运动且保证一定的运动效果的能力。在比赛中运动员保持良好的体力、反应能力以及稳定的情绪都需要有良好的耐力做支持。足球运动的耐力分为有氧耐力和无氧耐力。

一、足球的有氧耐力训练

所有中小强度的奔跑或跳跃等肌肉活动属于有氧耐力。

（一）有氧耐力训练的基本原理

有氧耐力是无氧耐力的基础，同时决定着无氧耐力的水平。运动员具有良好的有氧耐力训练，既可以充分利用机体储存的大量能源物质，同时还可以提高摄氧、输氧和用氧能力，能快速消除氧债，延缓疲劳和快速恢复。

（二）有氧耐力训练的常用方法

有氧耐力也称为基础耐力，最常采用的就是持续训练法和循环训练法。让运动员长时间地进行一项或多项练习。

1. 一般奔跑耐力训练

全体球员做集体长跑训练，比如匀速跑、变速跑、间歇跑、越野跑，练习时间保证 30 分钟以上，强度越低，时间越长。注意奔跑前要做充分的热身活动，使肌肉和韧带得到足够的伸展。

2. 有氧变速跑能力

4 ～ 6 名球员一组在 400 米田径跑道上完成九段练习。

（1）首先进行 5 分钟热身慢跑。

（2）10 分钟规定距离跑（2 500 ～ 2 800 米）。

（3）拉伸躯干以及四肢的肌群，每块肌群拉伸 6 次。

（4）300 米慢跑 +30 米冲刺跑，连续做 5 次。

（5）20 米冲刺跑 +300 米慢跑，连续做 5 次。

（6）5 分钟放松慢跑。

（7）10 米跨步跳 +300 米慢跑，连续做 5 次。

（8）拉伸躯干和四肢肌群，每块肌群拉伸 6 次。

（9）5 分钟放松慢跑。

做这组练习时注意冲刺跑一定要跑出自己的最快速度；拉伸时应持续用力，并且每个动作保持 20 秒。

3. 速度耐力训练

（1）以 200 米为一个单位，要求运动员在规定的时间内从起点跑到终点，然后同样在规定的时间内从终点再返回起点。完成规定次数做放松活动。

（2）50米冲刺跑练习，球员分多组列队练习，排头队员听到信号后全力冲刺至终点再慢跑回队尾准备下一次跑。每人至少完成10组以上。注意训练时穿足球鞋并带护腿板。

（3）间歇跑练习。练习共分为三部分：第一部分，每次跑200米共跑3次；第二部分，每次跑400米共跑2次；第三部分每次跑300米共跑2次。教练在练习前规定每段距离的用时，队员应全力冲刺完成任务，最大心率达160～180次/分钟时效果最好。

4. 有球或无球的多种形式循环练习

教练严格设计若干个练习站点，并说明每个站点的练习规则要求，比如无球站点的启动跑练习、跳跃练习等；有球站点的运控球练习、接球练习、射门练习等。可根据球员的不同运动水平安排一定的练习顺序，依次完成每个站点的任务。

二、足球的无氧耐力训练

足球赛场上所有大强度的连续高速快跑所伴随的肌肉活动为无氧耐力。

（一）无氧耐力训练的基本原理

无氧耐力即无氧糖酵解能力、抗乳酸能力、能源物质的储备和支撑运动器官的能力。对足球运动员的体能起决定性限制作用的不是心肺功能，而是肌肉耐力水平，特别是无氧耐力，因此应该重点训练足球运动员的无氧耐力水平。

（二）无氧耐力训练的常用方法

无氧耐力是足球运动员的专项耐力训练。以 ATPCP 磷酸原功能系统为主、糖酵解功能为辅的耐力训练，是足球专项耐力训练的核心。常见方式为间歇训练和重复训练，其中要严格把控每组训练之间的时间，即在机体未完全恢复时进入下一组练习。

（1）30～60米冲刺跑，多组重复练习。

（2）150～200米间歇跑。

（3）快速跳绳，每次 30 秒，共 10 次，每次 60 秒，共 5 次，间歇 30～60 秒。

（4）7 秒完成 50 米跑，快速反复练习。

（5）三根旗杆两两相距 5 米组成正三角形，绕旗杆折返跑 5～10 圈为一组，间歇 60～90 秒，重复练习。或者根据球员的实际运动能力设计圈数和组数。

（6）在速度耐力跑练习中加入接球、顶球等练习。

（7）结合射门练习。球员每人一球绕场地一圈跑，到罚球区射门，每个球门安排一个守门员。注意练习中球员始终处于运动中，不得停顿。可以逐渐增加训练难度，比如绕圈跑的过程中做过人假动作，或者每次射门用顶球射门、踢空中球射门、弧线球射门等不同射门方式。

（8）在球门前 15 米处设置标记物，球员列队站在距球门 30 米处，练习时第一名球员快速带球至标记物处时，第二名球员冲刺至此，并控球射门，第一名球员则全速跑回队尾，准备下一次练习。运球的球员注意练习启动加速运球练习，射门的球员重点练习冲刺跑后的射门，且要求射门质量。

（9）球场设置两个守门员，球员带球绕圈跑，到中线附近时，把球传给教练员，教练员再通过长传或者短传至球门方向，原控球球员冲刺接球、控球后射门。这个练习要求球员必须全力冲刺跑接球并射门，最高心率达 160 次／分效果最好。在射门后的间歇时间做积极的恢复调整，可以在等待的时间安排 12 个技巧动作的练习。

第四节　足球柔韧与协调训练

柔韧素质是指人体各关节活动的幅度以及肌肉和韧带等软组织伸展的综合能力。协调素质是指在复杂情况下球员的随机应变能力，能够准确并迅速地协调各种能力。

一、柔韧素质的训练

足球项目是一种运动程度剧烈、身体对抗非常激烈的体育运动。在比赛过程中常常需要运动员做出无规律的动作幅度很大的动作，而且还常常伴随启动突然、速度极快等特点,因此对运动员的身体柔韧性要求极高,否则球员很容易造成严重的肌肉或者韧带的拉伤,影响正常的训练或者比赛。良好的柔韧性代表关节的活动范围大,但同时也意味着关节周围的韧带和肌肉固定关节的力量较弱,即容易造成关节的损伤。因此,足球运动员在进行柔韧训练时,以获得适宜的柔韧素质为目标,旨在能更好地发挥技战术水平的同时,还能保护身体避免伤害。

(一)柔韧素质训练的基本原理

柔韧素质的训练主要采用静力拉伸法和动力拉伸法,静力拉伸是指通过较为缓慢的拉伸动作将肌肉、韧带等软组织拉长到一定程度;动力拉伸法是指通过多次重复的、有节奏的、速度较快的一些动作对肌肉和韧带组织达到拉伸的目的。无论是静力拉伸还是动力拉伸,都可以采用主动完成或被动完成的方式。主动柔韧性拉伸主要是靠自身的力量将肌肉等软组织拉长,比如站立体前屈、俯卧背伸、转体、甩腰等练习;被动拉伸是指借助外力的帮助下将肌肉等软组织拉长,比如教练员帮助运动员压腿等。

一般而言,被动拉伸练习的动作幅度普遍大于主动拉伸练习的动作幅度。如果运动员的主动拉伸与被动拉伸的指标差距很大,那么说明该名运动员的柔韧素质潜力也很大。

(二)柔韧素质训练的常用方法

1.静力拉伸法

静力拉伸分为三个阶段:轻压、增幅、用力拉伸。以下是常用的静力拉伸方法。

(1)拉伸足底韧带和小腿前后肌群。球员以弓箭步站立,双手叉腰,弯曲的前腿以全脚掌着地,当主要拉伸小腿前肌群时,后腿蹬直以脚尖着地;当拉伸小腿的后肌群时,后腿全脚掌着地。每个动作保持30秒后,两腿交换练习。练习时注意上身逐渐下降,逐渐用力,背拉伸部位有酸痛感。拉伸训练后也要认真做放松活动,不可怠慢。

(2)拉伸脚背韧带。球员坐在地板上,上身保持挺直,右腿屈膝,用左手握住右脚的脚尖,右手放在右膝上协助保护,同时左手向后拉伸脚尖,使脚背与小腿呈 60°,保持 30 秒换另一侧脚练习。

（3）拉伸脚背和小腿前侧肌群。球员跪立于地面,双腿尽量不分开,脚背着地,臀部坐立于脚跟处,练习时身体慢慢后仰,做到头和肩部全部着地为最终目的,保持 20 秒。注意上身后仰时不可突然用力,应逐渐缓慢地进行。

（4）拉伸踝关节韧带和小腿前面肌群。球员跪坐于地面,脚背着地,臀部坐于脚跟处,屈上体并下压,两手臂伸直向前,掌心着地。

（5）拉伸跟腱韧带和小腿后部肌群。球员身体挺直站立,双脚并拢,两脚跟同时慢慢提起,脚背的屈度达 60° 角,并保持 30 秒。同样注意不可突然用力,练习后认真做放松活动。

（6）拉伸脚背和小腿前肌群。球员屈膝双腿跪地,脚背着地,双手在膝盖附近支撑上半身的重量。练习时双手和双脚同时爆发式推地,使身体拱起,双腿绷直,双脚脚尖着地。

（7）拉伸小腿后肌群和跟腱。球员双腿以剪刀步站立,然后屈后腿并跪立,以脚背着地,前腿伸直以全脚掌着地,上身保持挺直,双臂前平伸,身体重心在后跪腿上。练习时双臂后振,重心随之前移,前腿改变姿势为跪撑,双臂侧平举,重复做动作。每个动作保持 20 秒再交换,跪地时注意保护膝盖。

（8）拉伸小腿后肌群。球员双手双脚着地,身体呈"拱"形。双臂双腿都拉伸伸直,双脚全脚掌着地,保持 30 秒。

（9）拉伸大腿后侧肌群。

①球员双腿开立,弯腰使上身与地面成平行状态,并保证上身挺直,双手扶大腿后侧,练习时,上身尽量前下至最大程度并挺直,脚跟不可抬起,保持 30 秒。

②球员两腿直立并拢,上身弯曲,双手握紧双脚的脚后跟,头尽量靠近双腿。注意下压上身时不要用力过猛,应该缓慢下压,身体前屈至最大程度,保持 30 秒。

③两名球员一组,一人仰卧并举起双腿,另一人双手握住仰卧球员的双踝,练习时站立的球员左右手分别向前推仰卧球员的腿至最大幅度,并保持 30 秒,注意仰卧球员的双腿始终保持伸直,且上身和臀部紧贴地面。完成规定次数,两人交换位置练习。练习后可以做几次前后踢腿动作放松。

④两人一组。练习球员坐在地面上,双腿伸直并分开,另一名球员

站立于其身后,练习时站立球员缓慢且用力向下压练习球员的肩膀,使其屈体至最大限度并保持30秒。练习球员注意双腿始终保持伸直,双臂向前伸。两人交换练习,练习后做前后踢腿动作以放松肌肉。

(10)拉伸大腿内侧肌群。

①球员俯卧于地面,以双手、双脚支撑身体,身体伸直。练习时球员双臂伸直支撑身体,单腿跪地支撑,另一条腿伸直并向后上拉伸,与身体成120°角。注意不要塌腰,节奏不要太快。

②球员侧卧,然后用单侧手臂和脚外侧支撑起身体。另一侧手臂和腿同时向上摆动至最大幅度,特别是两腿之间的夹角要大于90°角。注意摆动时身体挺直,双臂伸直,双腿伸直,不可屈髋。完成规定次数做放松活动。

③球员坐于地面,上身坐直,双脚脚掌相对,双手握住脚踝,身体慢慢向下压至最大幅度,注意不能含胸,臀部不能翘起,保持30秒。

④球员双手叉腰站立,两腿并拢,然后轻跳并以弓箭步落地支撑,后腿蹬直并用力下压,然后两腿交替进行练习,完成规定次数后做放松活动。

(11)拉伸大腿前部肌群。

①球员单腿站立,同侧手扶墙或者其他稳定物体保持身体平衡。另一只手握住另一只脚的脚背并向臀部拉伸,注意身体不要前倾,用力不要过猛,拉伸至最大限度保持30秒。

②球员俯卧双手握住双脚踝部,双手尽量拉踝关节至最大限度并保持30秒。注意练习前应做充分的热身特别是拉伸部位的按摩,拉伸时应缓慢用力,保持胸部紧贴地面。

③两人一组,练习球员俯卧并双臂向前伸直。协助队员双腿分开站立与练习球员的髋部两侧,并双手握住练习球员的双踝向上拉起,练习球员保持两腿伸直,拉伸至最大幅度(一般腿与身体成90°角)保持30秒。注意协助球员不可用力过猛,尽量用双脚夹紧练习球员,防止其髋部和上身被拉起。两人交换练习。

(12)拉伸髋关节及躯干前部肌肉。球员弯腿坐地,前腿弯曲以大、小腿外侧即臀部着地支撑,后腿后展伸直,双手撑地,上身挺直。然后前腿伸直,后腿弯曲,身体前屈至最大限度并保持30秒。双腿交换练习,注意用力不要过猛,两腿之间的夹角大于90°角,髋关节保持不离地面。

(13)拉伸臀部侧面肌群。球员双腿伸直仰卧于地面,在保持上身和头部朝上不变的前提下,一侧髋部提起使一条腿折叠于另一条腿之上,并尽量使两腿交叉角度至最大,保持30秒,两腿交换练习。

(14)拉伸臀部肌群。球员仰卧,双腿伸直,双臂稍离开体侧伸直,脚面绷直,双腿并拢,头部摆动,脚尖触地,保持30秒。注意双腿始终保持伸直,用力不要过猛。

(15)拉伸躯干前侧肌群。球员跪地,然后双手去触前脚掌,身体后仰,保持30秒。练习时髋关节向前顶起,用力不要过猛。

(16)拉伸躯干前部肌群。球员仰卧于垫子上,屈腿以双脚掌着地,同时双肘和小臂着地,臀部向上顶起使身体成桥形,保持30秒。注意该动作要在垫子上练习,否则肘部容易受伤,同时练习时间不宜过长。

(17)拉伸躯干侧面肌群。球员双腿自然开立,双手于头上并拢,且双臂伸直,躯干侧屈至最大程度并停留30秒,然后换另一侧。注意拉伸时身体挺直,脚步离地。

(18)拉伸肩部肌群。

①球员两腿自然开立,全身保持挺直,两臂侧平举,然后于背后形成两手相扣姿势,保持30秒。注意上身保持前顶,颈部伸直,逐渐用力拉伸。

②球员双腿并拢站立,双手于背后交叉,双臂尽力后展,在最大幅度时保持30秒。练习时注意身体保持正直,双臂逐渐用力拉伸。

(19)拉伸颈部后部肌群。球员身体挺直,双腿自然开立,双手于头的后部交叉,颈部尽力后压,双手与之形成阻力使颈部后部肌群拉伸充分,至最大程度时保持30秒。注意颈部练习一定不要用力过猛。

(20)拉伸颈部前部肌群。球员屈腿仰卧,头和脚同时蹬地逐渐向上拱起身体,保持30秒。

2. 动力拉伸法

动力拉伸包括主动拉伸和被动拉伸两种练习。

(1)拉伸踝关节周围的韧带和肌肉。球员自然站立,一条腿支撑身体,另一条腿放松弯曲,以脚尖点地,脚跟提起做踝部环绕动作。左右脚交替练习,注意动作应循序渐进由慢到快,逐渐增大幅度。

(2)拉伸膝关节周围韧带和肌群。球员连续做原地跳起下蹲动作,练习时双手扶膝。

(3)拉伸大腿内侧肌群。球员先做弓箭步压腿的静压,然后换动压,换腿时采用双腿连续跳换的方式。注意腿应充分伸直,前脚全脚掌着地,练习时逐步增加跳换的频率以及双腿分开的幅度。

（4）拉伸大腿内外侧以及后侧肌群。可以去列队练习,行进间做正踢腿、内摆踢腿和外摆踢腿。注意要伸直腿拉伸,并且拉伸之前做好热身活动。

（5）拉伸腰部肌群。腰绕环练习,可以徒手也可以带球练习,练习前要做热身活动。绕环幅度由小到大,伸展要充分。

（6）拉伸躯干侧面肌群。球员手持球于头顶之上,身体向一侧下压,注意下压时双腿保持伸直。

（7）拉伸身体前侧肌群。球员半蹲弓背跳起,让身体充分伸展,连续完成动作。

（8）拉伸躯干后部以及大腿后侧肌群。两人一组,队员向背而立,双腿略比肩宽,相距1米左右,一人持球屈体躯干后部肌群充分展开,然后站起身体后倾,双手举球过头顶并传给同组队员。该组练习注意掌握速度,动作不宜太快,容易头晕。

（9）拉伸肩带肌群。可以全队同时练习,在行进间双臂直臂肩绕环动作,或者双臂交替完成前后振摆动作,注意手臂要伸直,振幅逐渐加大,注意节奏。

（10）拉伸颈部肌群。双手叉腰,让头慢慢左右转动,开始时要慢,一侧到最大幅度时再转向另一侧。注意转动不要快,要尽量提高转幅。

（11）主动拉伸髋部、膝部和踝部的肌群

①全队可以列队同时练习,队员进行小步跑、高抬腿、跨步跳动作。小步跑时注意前脚掌着地,脚后跟不落地;高抬腿跑时大腿尽量贴近胸部;跨步跑时尽量展开两大腿的幅度。

②球员两两之间距离2米左右,在慢跑中做后踢腿、屈膝内翻腿跑、屈膝外翻腿跑练习。

注意主动拉伸应该在静拉伸的基础上进行。所有的柔韧练习都应该循序渐进,逐步加大幅度,用力要缓慢加力,不可猛用力。练习后的放松活动也是练习的组成部分,可以帮助肌肉恢复放松状态,不可怠慢。最后,柔韧练习必须连续地、系统地进行。

二、协调素质的训练

协调素质是指运动技能和身体素质在运动时体现出的综合能力。例如根据实际情况改变运动的方向,适应不断变化的外在环境。协调素质对技战术的发挥起着重要作用。

（一）协调素质训练的基本原理

协调素质是一种综合素质，会受到几种因素的影响。

（1）大脑皮层的灵敏性。

（2）力量、速度、柔韧等几个方面能力的强弱。

（3）观察能力和反应能力。

（4）运动员的技战术能力。

因此，协调能力需要让球员进行多种多样的技术训练，并且每次训练的内容应该有变化和组合。

（二）协调素质训练的常用方法

（1）球员双手双脚支撑身体俯卧，两腿交叉，一条腿支撑身体，另一条腿在支撑腿下方尽量前伸。每条腿保持30秒。

（2）球员双腿跪卧，双手支撑，身体成桥形。然后一侧手臂和大腿把持支撑，相反侧的手臂和大腿尽量伸直，保持静止30秒，两边交替练习。

（3）球员双手在瑜伽球上支撑躯体，双脚着地，同时保持平衡和稳定。

（4）球员双手着地，双脚在瑜伽球上支撑身体，然后用双脚前后滚动瑜伽球并保持平衡。

（5）球员仰卧，双臂展开于身体两侧，双腿并拢，屈膝关节，转髋两腿向一侧旋转并触及地面。同时上身和头保持朝上，并紧贴地面。

（6）训练球员的跑跳综合能力。三人一组，听到教练的指示后先迅速跳过5个栏架，然后绕跑障碍物，最后直线跑到终点，再慢跑回队尾准备下一次的训练。可以以分组比赛的形式进行，增加竞争性和对抗性。

（7）训练球员快速转身跑动接球射门。三人一组，两人向背而立，相距3米且侧对球门，身边准备多只足球。第三名球员站在两人之间且背对着球门。开始练习时第三名球员转身跑至一名球员旁并接该球员发的球射门，然后迅速跑至第二名球员处接抛球射门，完成规定的次数后，三人交换位置。

（8）训练球员的躲闪和应变能力。球员分两组在20×20的场地内练习，一组持球，一组无球，持球的队员可以持球迫使对方出局（20×20的场地外），无球队员可以在对方传球时抢断球从而变为进攻方。出局的球员多的一方失败。

（9）训练球员瞬间变化动作的能力。教练事先设计不同的信号代表不同的技术动作,比如头颠球、胸停球、运球等。然后每人一球从某个统一的动作开始,等待教练的信号并能迅速完成相应的动作。教练控制信号与信号之间的时间长度以及动作之间的衔接难度。

第五节　不同位置球员体能训练方法

广义的位置体能是对抗性项目中不同位置的运动员在为完成特定位置任务所需要的各种身体运动能力。狭义的位置体能是指不同位置的足球运动员,由其身体形态、身体机能和运动素质所决定的、为完成特定位置的运动任务所必须具备的身体能力。因此对足球运动员的体能训练不能笼统地一概而论,需要辩证地、发展地、科学地安排。比如,辽宁省体育研究所对我国足球运动员的身体素质的测试发现,守门员的伸膝力最好,后卫的屈髋力和背力最好;而无论是原地启动加速能力还是最大速度能力,都是前锋最好。

一、位置体能训练的特点

足球比赛中,由于每个球员负责的位置和角色不同,其发挥的作用以及活动特征都不尽相同,在运动方式上也存在着明显差异,对体能的要求也各有侧重。体能的结构是由形态、机能、素质三要素构成的,位置体能也应遵循体能的结构。比如,守门员跑动较少,重要的是跳起接球救球的能力,因此对无氧能力要求高;中场是所有球员中跑动最多的,绝大部分是慢跑,典型的有氧代谢功能活动;而后卫、前锋需要大量的冲刺、快跑,因此对无氧功能要求较高。需要根据位置而更有效地训练不同位置的球员,才能更适应比赛中的差异运动。

二、位置体能训练的基本原理

现代足球比赛,既是球队整体实力的对决,也是不同位置球员之间个体实力的比拼。某个位置的球员的能力,就代表了球队某个位置的实力,很可能会成为整场比赛的胜负关键,可能是制胜的法宝,也可能是球队的软肋。

足球运动员的体能训练的核心,是强调训练的专项针对性、实战性和实效性,针对不同位置安排相应的体能训练,提高体能训练的效果,根据不同专项,不同运动员或不同的训练状态,不同的训练任务以及不同的训练条件,组织安排相应的训练内容、任务、方法和手段以及运动负荷量。根据不同运动员的体能特征、位置要求设计个性化训练方案。

三、位置体能训练的常用方法

(一) 守门员位置体能训练的内容与方法

特殊的位置和职责,决定了对运动员特殊的体能要求。守门员被要求在最短的时间里发挥出身体最高效能的素质与能力,它主要体现为反应速度、启动速度、爆发力、无氧能力和柔韧能力等的综合表达。

1.训练反应速度

(1)球从裆下穿过的转身扑球。守门员与教练员相距2米相向而立,两腿分开,教练员设法将球从守门员两腿之间穿过,在球通过时守门员迅速转身鱼跃扑球。完成规定次数,做放松活动。

(2)听信号扑球。四、五名球员分别运球至距离罚球区线2～3米的位置时,按照教练的信号,队员一次突然射门,守门员迅速做出高质量的连续扑球接球。完成规定次数,做放松活动。

(3)跑动中接球。两名守门员绕球场跑动的同时,相互抛各种难度的球并做接球扑球练习,训练反应能力。完成规定时间的训练后做积极性恢复。

2.训练启动速度

(1)短距离冲刺跑。两名守门员或坐或躺在球场上,两人相距10米,在中间位置放一只足球。听到教练员发出信号后迅速起身并以最快速度抢到球。完成规定次数,做放松活动。

(2)变向起动。两名守门员相距10米侧对教练员。教练发出信号,守门员快速转身起动并以冲刺跑绕过教练回到原位置。注意每个方向的转向都要练习,练习后做积极性恢复。

3. 爆发力

（1）跳起接球。分别向练习球员的身前、身后、左右方向抛球，要求守门员从静止状态迅速跳起接球。

（2）滚翻后接球。练习球员向前做一个前滚翻后迅速接住教练发过来的球，要求快速 连续地练习。

4. 无氧能力

（1）连续扑球。在距离球门 10 米处摆放多只足球，连续快速射门，要求守门员尽量扑救。每次射门间隔时间要考虑到保证守门员的技术发挥的质量。

（2）绕障碍。在球门前用实心球摆出各种不同路线的障碍物，要求两个守门员依次按照教练的指令完成绕障碍物练习，要求步频快。

（二）后卫位置体能训练的内容与方法

1. 爆发力

（1）跳深练习。球员从 40 厘米的高台上跳下，随即快速向前上方跳起，完成规定次数，做放松活动。

（2）原地跳起踢腿收腹。原地高抬腿跳起并收腹，注意两腿要并拢，完成规定次数，做放松活动。

2. 绝对速度

直线回追转身踢球。两人一组一球。一人做过同伴头顶的直传，同伴转身追上球后直接转身向回踢球。注意转身要快，动作要协调，左右脚分别练习。

3. 无氧耐力

球员在底线位置快速向中线运球，到中线后快速转身再运回底线，连续运球 10 次为一组。注意要全速运球，每次的间歇时间不超过 15 秒。

（三）前卫位置体能训练的内容与方法

1. 加速跑练习

快速转身追球练习。两人一组，相距 3 米相向而立。一名球员向对方两腿之间传球,之后快速起动追球,同时另一球员快速转身追球,练习做四组为一个单位,按照教练要求完成具体的次数。

2. 力量耐力

(1)负重蹲起、蛙跳、背人比赛等都是训练耐力的有效方法。

(2)夹球绕环。仰卧于地面上,双腿上举,双脚夹住球,以髋为轴在空中绕环,顺时针和逆时针都要做,绕环幅度尽量大。

(四)前锋位置体能训练的内容与方法

1. 起动速度

(1)教练发出信号后,球员以站立姿待快速起动冲刺跑5米,连续重复10次,每次间歇15秒。

(2)两人一组,练习球员仰卧于地面,另一球员控球传到练习球员身前,练习球员迅速起身冲刺追球。两人交替练习。

2. 爆发力

(1)从罚球区线向场内10米处放置一个栏架,然后每隔半米放一个栏架,一共4个,球员从场内连续跳栏后接罚球区的来球射门。完成规定次数,做放松活动。

(2)半蹲姿势侧面蛙跳。以半蹲姿势向侧面蛙跳5米,然后往回跳。每次跳的距离要尽量大,动作协调。完成规定次数,做放松活动。

3. 无氧耐力

在罚球区线25米处放两个旗杆,相距5米,两球员分别站在旗杆旁,教练将球传至两球员身前10米处,让队员争抢,抢到球的球员运球进罚球区后射门。重复10次,每次间歇不超过30秒。

第四章　足球后备人才技术能力训练

伴随着足球运动发展程度的加深,足球运动员逐渐呈现出职业化的特征,这使得足球运动员的竞技能力不断提升,足球比赛的激烈程度也日益激烈,这种情况无疑对足球运动员的技术能力提出了更高的要求。本章对足球后备人才的技术能力训练进行了阐述,具体内容从足球技术特征、足球主要技术分析、足球技术训练方法、足球技术游戏训练四个方面展开。

第一节　足球技术特征

一、技术和目的结合

技术为目的服务,足球技术的训练和使用最终都是为了实现在足球比赛中获得胜利的目的。足球技术训练的过程其实就是一个帮助足球运动员培养技术目的性的过程,水平较低的初学者在进行技术训练时,往往是不带有训练目的的盲目训练,其对训练的理解程度较浅;而有一定训练基础的运动员往往已经具备了技术训练的目的性,了解技术训练的目的所在,其对训练的了解程度加深,训练的效率也会有所提高。

二、技术和速度结合

足球运动是一项激烈程度比较高的竞技运动,赛场上的比赛具有节奏快、激烈程度大的特点,这意味着足球运动员在赛场上必须要在较短的时间内迅速完成比赛的动作和技术。想要适应足球比赛中快速攻守的速度要求,运动员必须在平时的技术训练过程中加入速度训练项目,锻炼反应能力,提升实施单项技术以及两个技术之间衔接的流畅程度。

三、技术和意识结合

足球技术的意识性是指足球运动员在比赛的过程中根据自己对足球比赛规律的认识以及比赛场上的具体形势变化,做出的关于足球技术的有意识的应对反应。

培养足球技术的意识性是一项重要的事项,无论是应用单个技术还是技术组合,又或者是整个队伍之间的技术配合都需要运动员有意识地进行支配。培养足球技术的意识性也是一件困难的事情,具备良好的技术意识性意味着运动员不仅需要掌握娴熟的足球技术,还要对赛场环境具备敏锐的观察力对比赛的形势具备精准的判断力以及掌握娴熟的战术、了解各个队友之间的比赛习惯等。因此,要充分注重培养足球技术的意识性,将其贯穿足球技术训练的始终。

此外,在对足球运动员进行选材时,也要关注其意识能力。虽然一个人的意识能力发展受到家庭教育、文化水平、生活习惯等多种因素的影响,但是我们不得不承认遗传因素对其影响重大,因此在对足球运动员进行选材时,可以尽量选择具有较高的意识天赋的人才。

四、技术和意志结合

足球技术的实施水平与足球运动员的意志水平具有相关性。一般来说,足球运动员的意志水平越高,其技术的训练效果越好,技术发挥水平越高;足球运动员的意志水平越低,其技术的训练效果越差,技术发挥水平越低。足球运动员的意志要求包括勇敢顽强的拼搏作风、自我控制情绪的能力、敢于冒险的无畏精神三个方面,只有将这些意志力要求和足球技术的训练和发挥结合起来,才能使两者相互促进,共同发展到理想的水平。

五、技术和位置结合

足球运动是一项对抗性的集体竞技运动,通过运动双方的攻守效果确定比赛的成绩。基于足球运动的这种特性,要求足球运动员必须具备在球场上进攻和防守两个方面的能力,只有全面掌握攻守技术才能充分适应战术的变化和比赛的需要。同时,足球比赛又是一项讲究技术站位的竞赛,因此在全面掌握足球技术的基础上,又要根据每位运动员的技术特长为运动员安排最能发挥其技术特长的位置。足球运动员既要全面发展攻守技术,又要根据自己的站位,重点发展该位置要求的技术。

六、技术和即兴结合

足球运动虽然具备基本的模式,但是实际比赛场上的状况是复杂多样的,运动员一方面需要根据赛场上的突发状况做出及时的反应,另一方面要在足球技术、战术发展迅速的今天,在赛场上做出一些打破常规动作的超常发挥,这样才能满足当今足球竞技的需要。这些高要求的即兴反应要求足球运动员不仅要熟练地掌握基本的足球技术、战术,还要具备机敏的反应能力、勇敢的突破精神以及精准的判断能力。

第二节　足球主要技术分析

一、踢球动作技术分析

(一) 助跑

助跑是指足球运动员在踢球之前向球的方向进行的几步跑动,其目的一方面是调整身体和球的位置,使脚做好准备姿势,另一方面是借助身体向前跑动的惯性,加大击球的力度。助跑分为直线助跑和斜线助跑两种,前者助跑的方向和球射出的方向一致,后者助跑的方向和球射出的方向成交叉线。在助跑的时候,要注意最后一步跑动的幅度要加大,这样才能为身体前冲提供足够的动力,使射球的力度和准确性提高。

(二) 支撑脚站位

支撑脚的站位对于踢球动作的协调性、脚接触球的部位的准确性和踢球的高度、性能以及力量都有很大的影响。支撑脚的位置根据运动员使用的踢球方法的不同而发生改变,当运动员需要从球的侧方开始踢球的时候,支撑脚需要与足球保持大约 12 厘米的距离;当运动员需要从球的侧后方开始踢球的时候,支撑脚要与足球保持大概 23 厘米的距离。

踢活动球时要考虑支撑脚着地时,踢球腿才开始摆动,而球仍在运行中的情况。因此,要根据摆腿所需要的时间来选择支撑脚的位置,才能确保踢球时支撑脚与球能够处于合适的距离。一般助跑速度越快,最后一步的步幅亦应相应加大,踏地亦应相对积极。支撑脚一般成滚动式积极着地,同时膝关节微屈,从而使身体起伏不大继续前移。这样既减少了制动,又能使踢球腿绕着平稳前移的关节轴充分地摆腿和自如地踢球。一般支撑脚置于球侧,身体重心倾斜于球上,球路就低;支撑脚置于球后,身体后仰,球路就高。支撑腿的膝、踝关节的屈伸动作在维持身体平衡中起了主要作用,因此其动作既要起到平稳支撑体重的作用,又必须和踢球中的摆腿、击球动作协调配合。

(三) 踢球腿的摆动

踢球腿的摆动对于确定击球力量的大小具有重要的作用。具体的摆动方式包含两种,一是在跨步支撑的同时,大腿后引,小腿后屈,前摆时以髋关节为轴大腿带动小腿摆动;二是在跨步支撑时积极送髋,大腿前顶,小腿后屈,以膝关节为轴快速前摆小腿。

踢球腿的摆动包含后摆和前摆两个阶段,后摆的作用是加大前摆的速度和幅度,前摆的作用是把助跑和前摆时候产生的力量转变成巨大的击球力量,为击球提供足够的力度。

(四) 击球

击球是踢球动作中最为重要的内容,能够对出球的准确性、力量和性能产生重要的影响。其中击球的时间、击球点的选择和击球的动作是影响击球效果的最重要的因素。击球的时间一般要根据赛场上的具体状况进行分析确定,击球点的选择要注意运动员脚的位置、球的位置以及击球时踝关节的动作,击球的动作具有多种形式,下面我们进行具体分析。

1. 摆击

摆击是指运动员在摆腿击球的过程中通过随摆动作加大踢球腿摆动的幅度和距离,能够为击球动作提供充足的力度支持,一般被运用在中长远距离的击球中。

2.弹击

弹击是指运动员在做摆腿击球动作的时候,大腿不动,小腿以膝关节为轴,进行快速的前摆击球动作。弹击动作具有速度快、力度小的特点,一般被用在中、近距离的击球中。

3.抽击

抽击是指足球运动员在脚即将接触到足球的刹那,用力向上提高大腿,同时小腿停止正在做的前摆动作,借助大腿的提升力量向上提高。抽击动作中,击球点一般在球的后中下部位,这样能够帮助提腿动作的顺利开展。抽击动作具有前冲力大的特点,一般被用在将反弹在空中的足球向对方射门的场合中。

4.敲击

敲击动作的后摆幅度比较小,因此导致其前摆动作幅度小而速度快,在击球完成后该动作会有明显的停顿和后撤。敲击动作具有平直而急速的特点,一般被用在直接传球或者近距离射门的场合中。

5.推击

该动作的突出表现是踢球腿没有明显的后摆,当脚触球后的同时,运用支撑腿的后蹬所产生身体重心向前平移的速度,平稳地推送球。推击多是在支持脚离球较远时采用,其目的是力争射门或传球的时机,并有利于控制好球的高度和方向。

(五) 随前动作

随前动作是指在足球运动员的脚和足球接触之后,运动员不停止动作,反而继续做前摆动作和向前移动髋部。这是因为足球具有一定的弹力性,当运动员的脚和足球接触的时候,足球会因为脚对其产生的力而发生一定程度的挤压,之后足球从被挤压的凹陷状态恢复到正常的状态,从而会对脚产生一定的反作用力,影响击球的速度。这时运动员继续对足球做前摆动作和向前移动髋部,能够进一步加快出球的速度,同时对于控制出球的准确性也有很重要的帮助。当足球以较快的速度被击出去之后,运动员的脚和球分离,但是运动员需要继续保持动作,这样才能够帮助其减少向前的惯性,稳定身体。

二、停球动作技术分析

(一) 判断与移动、选位

运动员在进行停球动作之前,要对来球的信息进行细致的观察和分析以便能够得出准确的判断,判断的内容包括对手的情况、来球的方向、来球的速度等因素。在做出准确的判断之后就要开始移动来球,需要注意的是,一定要把握合适的移球时机,同时还要根据来球的情况为自己寻找一个理想的移球位置,这样才有助于保证停球的效果。

(二) 支撑脚的位置与停球部位、停球方法的选择

支撑脚的位置指的是支撑脚和停球脚之间形成的方位和距离关系,支撑脚的位置一般是由停球的方法和停球的方向决定的。停球的部位和停球的方法也是影响停球效果的重要因素,不同的停球部位和不同的停球方法都会对停球的效果产生不同的影响。在足球比赛的过程中,要在分析赛场状况的基础上,合理选定支撑脚的位置,选择合适的停球部位和停球的方法。

(三) 停球动作

停球动作包括以下几个技术要点。

1. 迎撤

迎撤是指用身体的停球部位对准来球,通过向前迎合和向后撤退的一系列动作分散来球的力度,以达到缓冲的目的。迎撤动作对技术实施的连贯性有着非常高的要求,运动员在做迎撤动作的时候要保证前迎动作和后撤动作之间的流畅性。迎撤动作带来的缓冲效果主要由迎撤距离的长短和迎撤速度的快慢决定。一般来说,速度快、弧度大的来球的冲击力更大,想要达到理想的缓冲效果,运动员可以加长迎撤的距离或者加快迎撤的速度;而对于速度较慢、弧度较小的来球,运动员可以缩小迎撤的距离或者减慢迎撤的速度。此外,在利用迎撤动作缓冲来球的冲击力的时候,还要注意调整接球部位的肌肉松弛度和关节的活动幅度,这两个因素也会对缓冲的效果产生影响。

2. 压推

压推动作一般被用在来球是反弹球的情况下,运动员在进行动作之前要对来球的方向、来球的落地时间、来球的反弹角度进行精准的判断,并根据判断的结果确定自己的位置,保证自己和落球点之间的距离合适。在进行压推动作的时候,运动员要趁足球还没有离开地面迅速用身体的停球部位接触足球并压球,然后快速过渡到推球动作,要保证动作的流畅性。身体停球部位对球实施压推动作产生的力能够和球向上弹起的力结合成合力,从而缓冲球在反弹的过程中产生的冲击力。

3. 切挡

切挡动作一般被运用在来球是地滚球的情况下。切挡动作包括上提、下切和挡球三个阶段,其中上提的时候要注意高度,不能使足球从腿部下方滚出去;下切的时候,要根据来球的速度确定下切的角度和速度,当来球的速度比较快的时候,要使下切的角度比较小,而下切的速度比较快,这样能够加大来球和地面的摩擦力,减低来球的滚动速度和冲击力;挡球的动作是在切球之后进行的,具体做法是在切球降低来球的速度之后,将球向相反的方向踢,阻挡来球继续前进。在实施切挡动作的时候要非常注意三个因素,一是在动作开始之前要对来球的方向和速度做出精准的判断;二是要注意把握实施和完成动作的时机;三是要注意保持动作的流畅性。

4. 拨转

拨转是连贯的两个动作,其中拨球的作用是改变来球的方向;转球的作用是保持拨球动作之后身体姿势和身体动作的协调性,以便继续进行接下来的动作。为了使拨球的速度符合转身的方向,在拨球时应当根据转身角度的大小,来决定拨动球异侧部位的靠前或偏后部分。而拨球的时间和拨球的力量都根据来球的动量决定,来球的动量越大则拨球的时间越早,拨球的力量越小。

在做转身动作时,以支撑腿的髋关节为轴,以骨盆的转动带动上体的转动。转身拨球时,身体重心的转移方向要和拨球的方向保持一致。一个拨转动作结束时,可以通过身体适当前倾的方式降低身体的重心,注意跟球的步幅要小,频率要快,使拨转和下个动作的起动连贯成一体。

(四) 身体重心的位置

在停球动作中,身体的重心一般落在支撑脚上。但是随着足球比赛竞争的激烈程度不断提升,足球比赛的节奏也在不断加快,需要运动员在比赛的过程中不断地变化动作和技术,因而其身体的重心位置也随着动作的变化而快速变化着。一般来说,虽然身体重心的变化非常迅速,但是大致上是随着停球的方向发生改变的,并且外在表现为身体位置的变化。因此运动员可以在身体位置变化的同时进行停球动作,这样不仅能使身体重心快速平稳,还有助于增加衔接动作之间的流畅度。

三、头顶球动作技术分析

(一) 移动、判断与选位

判断是移动和选位的前提,在开始动作之前要对来球的速度、方向以及对手的位置等因素进行综合判断,然后根据判断的结果为自己选择合适的位置。只有及时选择合适的位置,才能保障移球的效果。在头顶球动作中还要注意及时调整自己的姿势以迎合来球的高度,比如可以通过下蹲或者跳跃的方式来保证自己的头部能够接触到来球。

(二) 蹬地和身体的摆动

蹬地动作包括两种形式。第一种是运动员的双腿用力向下蹬地,使身体向上跃起。这种形式不仅能够调整身体的位置,使身体接近来球,还能够为身体的后续摆动动作提供足够的力量支持。第二种是运动员的双腿用力向后蹬地,加大身体向前摆动的幅度和力度。这种形式的作用是为运动员的顶球动作产生足球的冲击力量。

顶球动作中,进行身体摆动的主要目的是为头部击球提供足够的力量支持。身体摆动包含两种形式。一是顶球前先向后摆体成背弓或向出球方向的另一侧回旋摆体成侧屈,以便充分发挥腹背肌肉的屈伸作用,为加大身体和头部的摆动幅度、加快其摆动速度创造条件,也就为增大头部击球的力量打下了基础。二是利用腹部肌肉的弓身拉长及其收缩和颈部灵活、快速的发力,以头部敲击来球。此法没有明显的准备动作,顶球快速突然,出球变化莫测,但力量较小,一般用于短传、近射,尤其变向"摆渡"效果更佳。

(三) 头击球

头击球是指在身体摆动的过程中,当身体处于站直状态的时候,运动员快速用自己额头的正面或者侧面击打来球。在实施头击球动作的时候,要重点关注头的部位和球的部位,使运动员的头部和来球处于合适的位置。

(四) 随前动作

随前动作是指在击球动作结束时,身体和头部顺应身体的向前的惯性,继续向前摆动,这样做的目的是使身体重心迁移,保持身体的平衡性。

四、运球与过人动作技术分析

(一) 运球技术分析

1. 运球与跑动的关系

运球和跑动是可以同时进行的关系,运动员可以在跑动的同时开展运球动作。在跑步过程中进行的运球动作一般包括支撑脚踏地后蹬、运球腿前摆脚触球和运球脚踏地支撑这三个连贯动作。要在跑步的同时达到理想的运球效果,要注意以下几个技术要点。

一是要减少支撑脚支撑身体的时间,使支撑腿的动作快速从支撑转移到支撑腿后蹬。

二是要尽量使支撑腿后蹬和运球腿前摆这两个动作之间的过渡速度加快,保证动作过渡的流畅性和连贯性。

三是将后蹬、前摆和推拨的力量集中到足球上,用运球脚推拨足球,之后运球脚迅速下降,并以此来调整人和足球的距离。

2. 运球距离和跑动速度的关系

运球距离受到跑动速度的影响,由跑动速度决定。跑动速度比较快的时候,双腿后蹬的力度和前摆的动作幅度都会加大,相应地,作用在足球上的力量会加大,足球的运动速度会加快,运动距离也会加长。同样,当跑动的速度比较慢的时候,足球运动速度会比较慢,运动距离也比较短。在实际的足球比赛过程中,当既需要加快足球的运动速度又要保持足球始终在脚下的时候,运动员不会单纯地通过加大步幅来加快跑动速度,而是采用加快跑动频率的方式来加快跑动的速度,从而达到加快球的运动速度又不使球离开脚的目的。

(二)运球过人技术分析

1.逼近与调动对手阶段

当足球运动员边运球边向对手逼近的时候,首先是要始终掌握控球权,防止对手将足球从自己手中抢走;其次可以实施一些假动作,比如假装改变运球的方向、运球的速度等,起到迷惑对手,扰乱对手判断的作用。

2.运球越过对手阶段

在运球过人的一瞬间,应将支撑腿蹬转方向与运球腿髋、膝、踝三关节协调用力,完成推、拨、扣、拉、挑球等动作,用力方向一致,衔接紧密,从而达到人与球同时越过或摆脱对手的战术目的。

3.摆脱和护球前进阶段

运动员在完成运球过人动作之后要快速反应,及时从对方的阻截中摆脱出来,注意护球,将球的掌控权始终把握在自己的手中。

五、抢截球技术动作分析

(一)判断与选位

抢截球动作中,判断和选位是影响其效果的重要因素,通过判断可以确定对手的意图,从而做出合理的对策;而选择合适的位置又能够帮助运动员把握合适的抢截时机,提高抢截成功的可能性。而就选位来说,不同的动作需要运动员选择不同的位置,比如断球动作的位置一般是对手和本方球门中心点连线之间稍向有球的一侧。

（二）断球与抢球

断球技术相较于抢球技术来说比较简单,但是在平时的运动训练过程中一样不能忽视对足球运动员断球意识和断球技术的培养。断球动作中最需要的能力是精准的判断力,包括对对手意图、来球的方向、断球的时机、断球的部位等因素的判断。断球技术在足球比赛中相当重要,如果没有通过断球动作打断对手的来球,可能会使己方陷入一种比较落后和被动的处境之中。

抢球动作的位置需要根据对手的状态确定。当对手控球并且转向进攻方向的时候,应该从其身后向其逼近并且实施抢球动作;当对手控球并且面向防守方向的时候,应该采取一些技术减慢其推进的速度,然后伺机转到对手的正面实施抢球动作;当选手控球并企图突破己方的防守时,应该对其紧追猛堵,然后寻找机会实施抢球动作。

（三）衔接下一个动作

抢截球的目的是将己方的状态由防守转向进攻,因此当成功从对手手中抢来足球之后,就要开始进攻。其中的技术重点就是要及时调整自己的身体重心,防止因为身体重心不稳无法顺利过渡到进攻动作。

第三节　足球技术训练方法

一、踢球技术训练方法

（一）脚内侧踢球

（1）采用直线助跑的助跑方式,注意加大助跑最后一步的步幅。

（2）支撑脚的位置为球侧,距离足球 12 ~ 15 厘米的距离。

（3）支撑脚落地的同时做前摆动作,由大腿运动的力量带动小腿;踢球腿稍微向外伸展,膝盖微微弯曲,使两脚之间成垂直的状态。

（4）当膝关节前摆到达足球上方的位置的时候,小腿前摆的速度加快,然后用脚的内侧部位击球,同时向前送髋,身体也随着髋部的移动而向前移动。

以脚内侧踢定位球为例，其具体动作为图 4-1 所示。

图 4-1　脚内侧踢定位球

(二) 脚背正面踢球

（1）采用直线助跑方式，加大助跑最后一步的步幅。

（2）支撑脚采用滚动式落地方式，落地的位置为足球的侧面，距离足球 10 ~ 12 厘米的位置，脚尖的方向和击球的方向保持一致，腿部微微弯曲。

（3）踢球腿做后摆的动作，小腿向后弯曲，以膝关节为轴大小腿折叠。

（4）以髋关节为轴，踢球腿利用大腿的力量带动小腿，做前摆动作。

（5）当踢球腿的膝关节摆动到足球的正上方时，小腿以膝关节为轴向前伸展，快速做前摆动作，脚背迅速对准足球的后中位置，用力击球，同时身体前倾移动。

以脚背正面踢定位球为例，其具体动作为图 4-2 所示。

图 4-2　脚背正面踢定位球

（三）脚背内侧踢球

（1）从与出球方向成 45°角的位置斜线助跑,助跑最后一步的步幅加大。

（2）支撑脚采用滚动方式落地,落在足球的内侧后方,距离足球大概 20 ~ 25 厘米的位置,脚尖指向和出球的方向保持一致,同时支撑腿以膝关节为轴微微下蹲。

（3）支撑腿落地的同一时间,踢球腿由大腿力量带动小腿做前摆动作。

（4）当踢球腿前摆的位置和支撑腿成平行状态时,踢球腿小腿大力加快摆动的速度,同时脚尖向外转动,脚背绷直,用脚背内侧击球。当击球的位置为球的后下部位的时候,球则被踢至空中成为空中球;当击球的位置为足球的后中部位的时候,球被踢出的位置则比较低,一般为低平球或者滚地球。

以脚背内侧踢定位球为例,其具体动作如图 4-3 所示。

图 4-3　脚背内侧踢定位球

二、头顶球技术训练方法

（一）原地前额正面头顶球技术

1.确定顶球时机和部位

（1）队员手中持球,在离墙大概 3 米的地方面对墙站立,双脚一前一后分开。

（2）开始进行练习时，队员将球向头部上方抛起 1.5 ~ 2 米的高度，然后双臂向两侧伸开与地面平行，双腿以膝盖为轴向下弯曲，身体成微微下蹲状。

（3）视线始终集中在足球上，当足球向下落到和前额平行的位置的时候，站在后面的脚用力蹬地，身体收腹同时做前摆动作。用前额正面击球，击球的部位为足球的后中部位。

2. 抛顶球

（1）以两个人为一个小组，两人面对面站立，中间的距离大概为 5 ~ 6 米，一人手中持有足球。

（2）进行练习时，一个人向上方抛球，另一人练习顶球。轮流交换，练习内容相同。

3. 连续头顶传球

（1）以两名队员为一组，面对面站立，中间距离为 3 ~ 4 米，一人手中持有足球。

（2）持球者将手中的足球向上抛起，一人顶球并将球传给对方，对方同样顶球并将球传回来，多次进行练习。

原地前额正面头顶球技术的具体动作如图 4-4 所示。

图 4-4　原地前额正面头顶球技术具体动作

（二）跳起头顶球

1. 跳起后在最高点前额正面头顶球

（1）三人为一个小组，两人之间的距离为 6 ~ 8 米，其中一人手中持球,一人为防守队员。

（2）进行练习的时候,持球者将手中的球向上抛起,防守队员跳跃拦截,一名队员跳起用头顶球。三人交换位置反复进行练习。

（3）该训练中队员的起跳方法包含两种。

①双脚原地起跳。准备姿势为双腿稍微弯曲下蹲,将身体的重心下移。之后双脚用力蹬地,借助蹬地产生的力起跳。起跳的同时两臂从肘关节处弯曲,做上摆动作。身体上升的同时双臂朝前自然伸开,展腹挺胸,身体后仰成背弓状,视线集中在来球上。当来球到达前额时,迅速收腹并做前摆动作,用前额击球,击球位置为球的中后部位,双腿做前摆动作。击球成功后,腿部从膝盖和脚踝处弯曲,跳跃两次,缓冲落地。

②跑动中单脚起跳。对来球的路线、速度等因素进行分析判断,并确定合理的顶球位置。通过跑动的方式到达顶球的位置,助跑的最后一步步幅加大,一只脚蹬地起跳,另一只脚屈膝做向上摆动。其余步骤同双脚原地起跳。

原地前额正面头顶球的具体动作如图 4-5 所示(双脚原地起跳)。

图 4-5 原地前额正面头顶球技术具体动作(双脚原地起跳)

2. 前额侧面头顶球

（1）击球的部位为前额侧面,因此抛球队员在抛球的时候注意使球在空中形成一定弧线,与接球队员保持一定的角度。

（2）位于来球方向一侧的腿蹬地起跳,支撑腿的前脚掌向着来球的方向旋转并带动身体向同方向旋转,颈部发力向出球方向转头,用前额侧面击球,击球的位置为足球的后中部位。

（3）其余动作同原地前额正面头顶球。

前额侧面头顶球技术的具体动作如图 4-6 所示。

图 4-6　前额侧面头顶球技术具体动作(双脚原地起跳)

(三) 鱼跃头顶球

（1）四个人为一个小组，一人负责抛球，另外三人练习顶球。轮换位置，反复练习。

（2）顶球队员将视线集中在来球上，对来球的路线和落点进行分析判断，确定顶球的理想位置，跑动到理想位置。

（3）单脚蹬地起跳，同时双臂向前摆动，身体跃起，利用身体的水平冲力将球击出。

（4）击球后，两臂屈肘伸手撑地，随后胸、腹和大腿依次缓冲着地。

跃起头顶球技术的具体动作如图 4-7 所示。

图 4-7　跃起头顶球技术的具体动作

三、运球过人技术训练方法

(一) 运球跑动接脚内侧扣球转身

（1）六名队员为一个小组，每人持一球，六人围成一个圆圈站立，两人之间的间隔为 5 ~ 6 米。

（2）练习时，六名队员同时向圆心直线运球，当接近圆心时以右或左脚前脚掌为轴转体180°，膝关节微屈支撑身体，同时用左或右脚脚内侧部位扣击球的后中部，转身运球回到练习起点。

(二) 脚背外侧拨球过人

（1）六名队员为一个小组，其中四人为持球队员，成直线站立，另外两名队员为防守队员，与持球队员成斜线站立。

（2）练习时，第一名持球队员向前运球，防守队员从左侧方逼近持球队员，并从持球队员脚下抢球。

（3）在防守队员逼近时，持球队员用右脚从球的右外侧向左外侧斜前方绕过虚晃，并用右脚脚背外侧向右侧拨球过人。

（4）持球队员继续向前运球，第二个防守队员从其右侧方向其逼近，并试图从其脚下抢球，持球队员以同样的方式拨球过人。

（5）各队员轮流交换位置和角色进行反复练习。

(三) 假踢外拨运球过人

（1）三名队员为一组，其中一人为防守队员，另外两人为持球队员。共需三个小组，小组之间成三角形站立，防守队员和持球队员相对站立。

（2）持球队员直线运球前进，防守队员逼近持球队员并试图抢球。持球队员向两侧做假踢动作，趁防守队员跟着假踢动作移动时，持球队员快速从防守队员移动的相反方向拨球过人。

（3）持球队员完成拨球过人动作之后快速运球到其他队伍后面准备下一次练习。队伍之间、各个小组队员之间轮流交换位置，重复练习。

（四）横拉外拨运球过人

（1）六名队员为一组，四名为进攻队员，两名为防守队员。进攻队员中，两人持球站在队伍前面。

（2）进行练习时，第一名进攻队员运球向前，当被防守队员逼近时，踢球脚将球向支撑脚的方向拉近，同时脚随着足球的滚动而移动，当脚到达足球的内侧下方时，进攻队员立刻快速向外侧拨球并继续开始跑动。

（3）第一名进攻队员完成过人练习之后转换到防守队员的位置，并开始进行防守抢球；被替换的防守队员到进攻队伍排队等待练习；第二名进攻队员开始进行过人练习。依次交换位置和角色，进行重复练习。

四、抢截球技术训练方法

（一）正面跨步堵抢

（1）抢球队员两腿前后分开站立，微微下蹲，降低身体重心。

（2）抢球队员不断逼近运球队员，当两者之间的距离仅为一大步的时候，抢球队员瞄准足球落地的时机，位于后面的脚用力蹬地，同时另一只脚迅速向前跨步，并用脚内侧截球。前面的脚做完堵截动作之后，后面的脚迅速向前迈进。

（3）当抢球队员和两位运球队员同时堵住球的时候，抢球队员要迅速将后面的脚移动到前面做支撑脚，同时用堵球脚护球并快速将球向上提拉，使球从运球队员的脚面迅速滑过。

正面跨步堵抢技术的具体动作如图4-8所示。

图4-8　正面跨步堵抢技术的具体动作

（二）合理冲撞抢球

（1）抢球队员逼近运球队员，与运球队员并肩跑动追球。

（2）抢球队员刻意将身体重心降低，靠近对手一侧的手臂紧贴身体，抓住对方同侧脚离地的时机，用肘关节以上部位适当冲撞对手同样部位，使对手身体失去平衡，趁机将球控制住。

合理冲撞抢球技术的具体动作如图 4-9 所示。

图 4-9　合理冲撞抢球技术的具体动作

（三）正面铲球

（1）抢球队员逼近控球队员，从膝关节处微微下蹲，使自己的身体重心降低。

（2）抢球队员把握控球队员脚接触到球但是还没有落地的时机，双脚贴着地面做滑铲动作将球击出，然后双手扶着地面向一侧做翻滚动作，之后迅速从地面起身。

（四）同侧脚铲球

（1）分析双方距离足球的距离，如果发现对方无法立即接触到足球，则把握时机，使用自己远离足球一侧的脚用力蹬地，借助蹬地的力量使自己身体跃出。

（2）接近足球一侧的脚贴着地面向前滑出，并同时向足球摆踢，用脚背外侧或者脚尖击球，将足球击出，使其远离控球队员。

（3）身体向接近对手的方向做翻转动作，双手撑地，快速起身继续接下来的抢截动作。

（五）异侧脚铲球

（1）当发现自己和对手都与足球有一定的距离并且无法用正常的姿势立即接触到足球时，在分析自己和足球的距离的基础上，用接近足球一侧的脚用力蹬地，借助蹬地产生的力使身体向前跃出。

（2）远离足球一侧的脚沿着地面向前做滑铲动作，用脚底部位击球，使其远离对手。

（3）身体一侧着地，顺序依次为小腿、大腿、手，然后用手撑地起身；或者身体向远离足球的一侧做翻滚动作，然后双手撑地快速起身为接下来的抢截动作做准备。

异侧脚铲球技术的具体动作如图 4-10 所示。

图 4-10　异侧脚铲球技术的具体动作

第四节　足球技术游戏训练

一、游戏训练的基本要求

（1）游戏是为训练服务的，不能只注意游戏的趣味性而忽视游戏对于提高足球能力的作用,要将两者结合,平衡两者之间的关系。

（2）游戏需要具备规则性,要制定合理的游戏规则,使游戏兼顾趣味性和竞争性,同时要保证制定的游戏规则简单易懂。

（3）教练要在练习之前为队员讲解游戏训练的规则、游戏的内容、希望通过游戏能够达到的训练效果等,使队员带着训练的目标开展游戏训练。

（4）分组进行游戏,要根据每位队员的特点和团队的整体需要合理分组。

（5）要设置奖惩项目,对于出色完成游戏、达到游戏训练目标的队伍和队员提出表扬和奖励,对于在游戏中表现不佳的队伍和队员实施一定的批评和惩罚,指出其表现的不合理之处。

二、游戏训练示例

（一）运球接力游戏训练

1. 游戏训练目的

通过让队员边运球边进行接力比赛的方式,锻炼队员的运球能力。

2. 游戏训练方法

（1）将队员分成人数相等的两队,以同一条线为起点,分别排成直线队伍站好。

（2）在距离队伍排头 15～20 米的地方,分别设置两个标志杆,两杆之间距离为 6 米。

（3）学生边运球边向标志杆前进,到达标志杆的位置后需要绕过标志杆然后运球回到原点,并将手中的球转交给第二名队员。

（4）两队队员依次完成任务,先完成的一个队伍获胜。

（5）也可以在每个队伍的前方设置更多数量的标志杆,要求队员依次绕过标志杆再回到起点,以增加游戏的难度。

3. 游戏训练的规则

（1）队员必须在起点线之前接球,不可前一名队员尚未达到起点线就开始伸手接球。

（2）在设置多个标志杆的时候学生必须规范绕过每个标志杆,如忽略掉则被视为违规,扣减相应的分数。

运球接力游戏训练如图 4-11 所示。

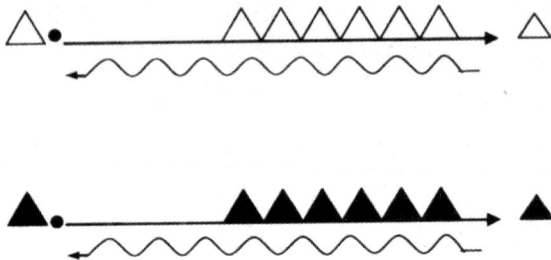

图 4-11　运球接力游戏训练

(二) 射门技术的游戏训练

1. 游戏训练的目的

对队员的反应速度和射门的准确性进行锻炼。

2. 游戏训练的方法

（1）根据个人能力特征和队伍的整体需要,将队员分成人数相等、实力相当的两个队伍,并成直线排列成队伍。

（2）在距离起点线 10 米处设置一个篮筐,并且每队各派一名队员站在篮筐的位置负责为其他队员投球。

（3）第一名队员上前将投球队员投来的球向篮筐中踢去,其他队员轮流跟上,先射进 10 个球的队伍获得胜利。

3. 游戏训练的规则

（1）可以用身体的其他部位辅助脚部动作进行射门,但是绝对不允许用手接触足球。

（2）只能站在起点线以内踢球射门,不能通过颠球等动作向前接近篮筐,否则视为犯规,该队员的成绩无效。

射门游戏训练如图 4-12 所示。

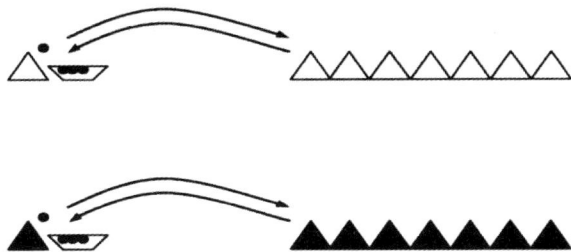

图 4-12 射门游戏训练

(三) 传接球技术的游戏训练

1. 游戏训练的目的

提升队员传球和接球的能力。

2. 游戏训练的要求

(1) 将队员分成人数相等的两个队伍,成直线列队站好,每个人都持球。

(2) 以队伍排头为起点线的位置,分别在距离两队起点线 25 米左右处各画一个圆,圆的直径大概为 5 米,并且两队各派一名队员到圆圈中间作为接球队员。

(3) 两队其他队员依次运球向圆圈处前进,圆圈内的队员接住其他队员传来的球并将球放置在圆圈内,先完成所有球的传接工作的队伍为获胜一方。

3. 游戏训练的规则

(1) 圈内接球者全程不能用手碰球,只能借助身体的其他部位接球。

(2) 后一名传球队员必须要在接球队员完成接球动作并将球放置在圆圈内之后才能开始传球。

传接球技术游戏训练如图 4-13 所示。

(四) 头顶球技术游戏训练

1. 游戏训练的目的

提高队员的头顶球技术。

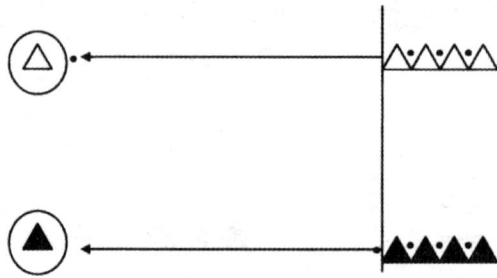

图 4-13　传接球技术游戏训练

2.游戏训练的方法

（1）将队员分成人数相等、技术相当的两个小组。

（2）队员按照直线方式排列,每两名队员之间的距离大约 1 米左右,第一名队员用头顶球的方式将球传给第二名队员,并快速跑到队伍最后准备下一次的顶球,第二名队员在接到球之后迅速转身用头顶球的方式将球传递给第三名队员,同样快速跑到队伍的最后做准备。

（3）在规定的时间内完成头顶球数量最多的队伍获胜。

3.游戏训练的规则

（1）队员只用头顶球的方式传球,双手等部位均不能接触到足球,否则视为违规。

（2）顶球过程中球若不小心落到地面,则视为该队员未完成此次顶球技术,不得将球捡起重新开始顶球。

头顶球技术游戏训练如图 4-14 所示。

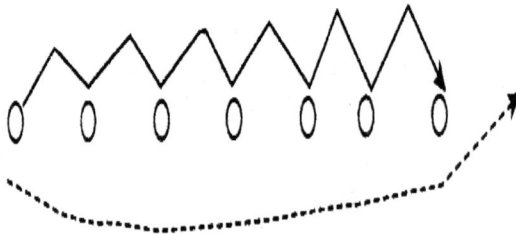

图 4-14　头顶球技术游戏训练

第五章　足球后备人才战术能力训练

　　足球战术是运动员在足球比赛中为了战胜对手而采取的个人或集体配合的方法和策略的总称。足球战术能力包括战术决策能力、战术组织能力及战术运用能力等综合能力。在足球后备人才竞技能力的构成中，战术能力和技术能力一样同处于核心地位，技术和战术密不可分，因此在足球后备人才训练与培养中，除了要加强技术训练与能力培养，还要注重战术训练，提高后备人才的战术能力。本章主要对足球后备人才战术能力训练方法展开研究，首先简要分析足球战术的基本特征，其次分析足球重点战术方法，最后重点探讨足球战术的一般训练方法和游戏训练方法。

第一节　足球战术特征

　　现代足球运动战术具有以下几方面的特征。

一、整体性特征

　　现代足球比赛竞争激烈，场上攻守形势瞬息万变，当一方队员在球场中路向球门方向运球进攻时，另一方队员作为防守方会展开积极的防守，而且防守极为严密，甚至让进攻方感到进退两难，但进攻队员的队友也会在边路积极配合，掩护带球队员完成进攻与射门。不管是进攻方的进攻行动，还是防守方的防守行动，都是各个队伍整体配合完成的。

　　足球运动是集体性对抗运动，团队的配合是保证战术顺利完成的前提条件，只有各队队员协同作战，才能提高战术运用的综合效果。足球运动员在比赛中运用攻守战术,都要以比赛需要为依据。现代足球运动发展水平不断提高,对战术配合提出了很高的要求,传统战术配合中的固定分工与套路已无法满足现实需要,而且消极被动防守的理念也明显落后了,现代竞技足球比赛要求参赛队伍整体联动、集体行动,积极主动实施防守战术,加强对对方的控制,尽快由防守方转为进攻方。高水平足球队在足球比赛中对战术的综合运用体现在各个场区的整体联动中,如前场配合的整体联动、中场配合的整体联动以及后场配合的整体联动等,这也是足球队确定阵形的基本准则,是优秀足球队取得竞争优势和获取胜利的关键。

二、攻守兼备与平衡特征

足球运动员要在激烈的足球比赛中进球得分,就必须把握好每一次进攻的机会,并积极创造和争取进攻的机会。只有进攻次数多了,射门的机会才多,得分的可能性也就大了。但在进攻的同时,面对另一方的严防死守,进攻方也要积极采取进攻战术,否则有失球的风险。可见,在足球比赛中,进攻与防守是密不可分、形影不离的。足球战术具有攻守兼备和攻守平衡的特征,高水平足球队之所以水平高,不仅有强劲的进攻能力,也有良好的防守意识与技能,建立严密而牢固的防守体系。如果一支球队一味进攻忽视防守,或一味被动防守不积极争夺球权,那么都不可能取得好的成绩。只有攻守兼备,保持攻守平衡状态,才能顺利完成比赛行动,展现队伍的高超技能和水平。

攻守兼备的战术特征对足球运动员的进攻技能和防守技能均提出了很高的要求,不管是什么位置的球员,除了要完成好自己角色的职责外,还要在有需要的情况下积极进攻、严密防守,在场上灵活应变,发挥自己的技战术能力和创造力。

三、简练准确性特征

足球比赛中,队友之间的配合很重要,足球运动员发挥自己的技战术能力,完成技战术行动计划,离不开队友的配合,球员每一次的传球和接球都是和队友密切合作、默契配合的表现,而能否对队友的位置做出准确判断,从而顺利完成传球或接球的技战术,将直接决定能否抓住射门得分的机会。足球战术是简练的,是能够被足球运动员正确理解与充分掌握的,足球战术同时也是准确的,是能够帮助足球运动员顺利完成每一次传接球技战术和配合行动的,过于复杂和烦琐的战术不易理解和掌握,如果运用不当,将会使预期的战术行动目标落空,影响最后的成绩。

四、方式多样性特征

足球战术阵形、战术方式和战术行动丰富多样,每个足球队都会从比赛需要、自身实际情况出发而设计具有针对性、实用性的战术,而且因为赛场形势千变万化,所以必须设计多种战术才能提高顺利应对突发事件的成功率。如果只有固定的战术形式和固定的队形,面对比赛场上的各种情况而不能灵活应变,及时调整战术,那么必将陷入被动局面。足球战术多种多样,足球运动员要形成自己的技战术特长,在比赛中尽可能运用自己擅长的战术,从而提高成功概率。

五、灵活机动性特征

足球运动员在比赛中对战术的选用是以具体比赛形势和现实需要为依据的。足球比赛中会有一些突发情况,有些可以提前预测,而有些突发事件很难预测。当一方队员采取进攻战术时,之前已经预测了防守方会采取什么防守策略,但防守方很有可能不是按预测的那样采用战术,而是用别的战术来打乱攻方的套路,这时攻方也要随机应变,对进攻方式进行调整,否则很容易由主动变为被动,跟不上节奏,失去优势,造成难以挽救的局面。足球战术的运用是快速而善变的,运动与对战术的运用既要灵活,又要有创造性,以提高战术运用的效果。

第二节　足球重点战术分析

一、足球进攻战术

(一) 个人进攻战术

1. 传球

传球是足球比赛中运用最多，也是最为重要的技战术手段之一。为了更好地达到预期的传球效果，要培养良好的传球意识、隐蔽传球意图、把握传球时机，提高传球的准确性。

2. 跑位

跑位是无球队员在场上通过有意识的跑动，为自己或同伴创造进攻机会的行动。跑位时要突然起动，快速变向、变速。跑位一般有以下两种方式。

（1）套边跑。套边跑是从持球队员身后绕向外侧的跑动（图 5-1）。

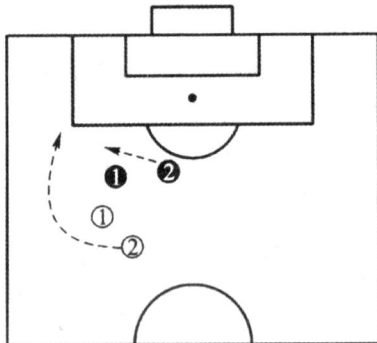

图 5-1　套边跑

（2）身后跑。身后跑是一种插入到防守者身后的跑位，致使防守者很难观察进攻者的行动。❶号防守队员看不到插入身后的进攻队员，此时❷号防守队员必须死盯插入的进攻队员，从而失去了对❶的保护（图 5-2）。

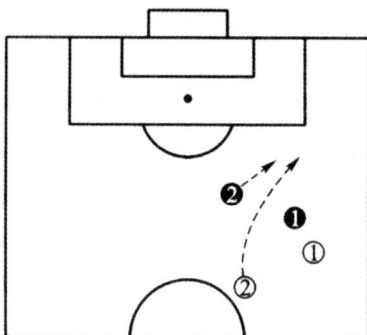

图 5-2　身后跑

3. 接应

接应持球队员的同时,要考虑到与持球队员的距离、角度与呼应。

（1）距离。接应的距离与接应时的场区、对方的防守压力有着密切的关系。比赛场地条件也会影响接应距离。把握好接应距离是做好接应的重要保证。

（2）角度。接应中角度的选择应遵循便于传球和接球的原则,接应队员应根据场上对手的位置而进行调整,一般是靠内侧与持球队员形成一定的角度。

（3）呼应。呼应就是接应队员与同伴之间保持联系的信号,这也是接应技巧的组成部分。

4. 运球突破

运球突破是撕开对方的防线,创造以多打少局面的锐利武器,这也是创造传球机会和射门机会的有效手段。在运球突破时应注意以下几点。

（1）控制好球,护好球。

（2）把握好突破时机、距离和方向。

（3）运球逼近、调动、超越、摆脱对手等各个技术衔接紧凑。

（4）突破对手后,要及时射门或与同伴进行传球配合。

（5）机动灵活地运用运球突破战术。

5. 射门

射门是一切进攻战术配合的最终目的和进攻得分的唯一手段。射门时,运动员应根据场上瞬息万变的情况,通过敏锐的观察,判断来球速度、落点和防守队员及守门员所处位置等情况,选择最佳的射门时机和有效的射门方法。当射门失去角度时,不要盲目射门,通过合理的运球、传球寻找射门的更大空间。射门时需要注意把握好射门机会,选择最佳射门角度,尽量射低平球,射门要准确、突然、有力,力争抢点直接射门。

(二)局部进攻战术

1. 传切二过一配合

(1)局部传切配合

根据传切线路,可分为直传斜切(图5-3)、斜传直切(图5-4)。它们简单、实用,只通过一次传球和切入就可以轻易越过一名防守队员。在行动时,两名进攻队员保持适当距离。控球队员可以通过采用带球或其他动作诱导防守者上前阻截。

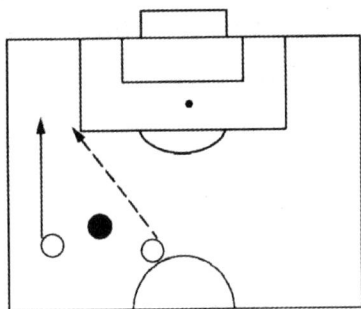

图5-3　直传斜切　　　　　　　图5-4　斜传直切

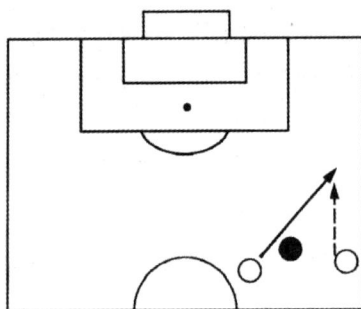

(2)转移长传切入

当进攻一侧对方防守紧逼时,可以通过长传将球转移到另一侧,切入队员得球后展开进攻。

2. 交叉掩护二过一配合

交叉掩护配合是指在球场的局部区域,两名进攻队员在带球交叉换位时,以自己的身体掩护同伴越过防守队员的配合方法(图5-5)。

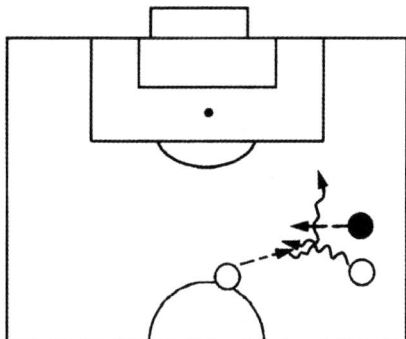

图 5-5　交叉掩护二过一配合

3. 连续二过一

连续二过一至少由两组二过一配合组成（图 5-6 ）。

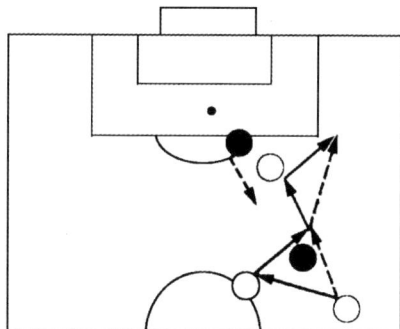

图 5-6　连续二过一

4. "三过二"配合

"三过二"是在比赛局部进攻时,3 名进攻队员通过连续配合突破对方两名防守者。具体配合方法如下。

如图 5-7 所示,⑦持球,⑥假接应,⑨斜插把防守支开,⑥插上至⑨制造出的空当接⑦的传球,突破防守。

如图 5-8 所示,⑨向后跑动接球,再将球传给⑥,⑦假动作并伺机从内线切入接⑥的传球,突破防守。

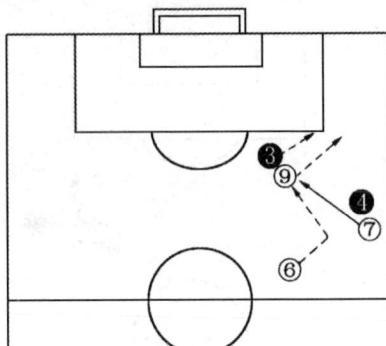

图 5-7 "三过二"配合一

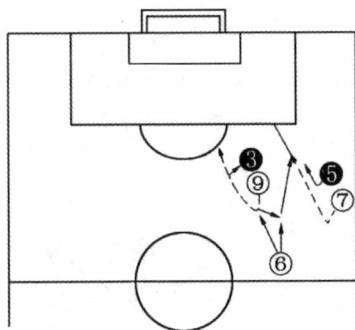

图 5-8 "三过二"配合二

(三) 集体进攻战术

1. 快攻战术

快攻战术是由守转攻时,趁对方来不及调整防守策略,通过简便快速的传递配合创造射门机会的战术。快攻战术具体有三种情况。

(1)守门员获球后,若对方三条线压的比较靠前,守门员迅速用脚踢给本方埋伏在对方后卫线附近的突击队员,或者用手抛给中场占据有利位置的同伴,创造快速突破的机会。

(2)在中前场截得对方脚下球迅速发动进攻。

(3)获得任意球,快速罚球也能形成快攻机会。

2.阵地进攻战术

（1）中路渗透

①后场发动进攻

后场发动进攻的主要方法有守门员发动进攻（图5-9）和后卫发动进攻（图5-10）。

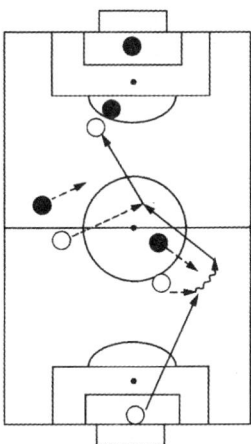

图5-9 守门员发动进攻

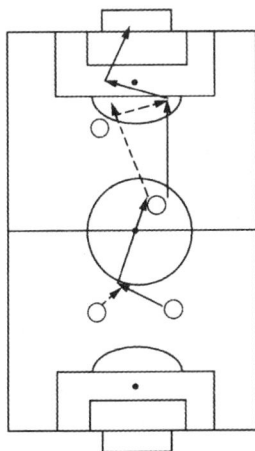

图5-10 后卫发动进攻

②中场发动进攻

中场发动进攻是指中路渗透战术的配合主要由中场发动，前卫队员是核心角色。常常采用短传配合的方法实施中场发动进攻，并以各种二过一来摆脱防守。具体打法如图5-11、图5-12、图5-13所示。

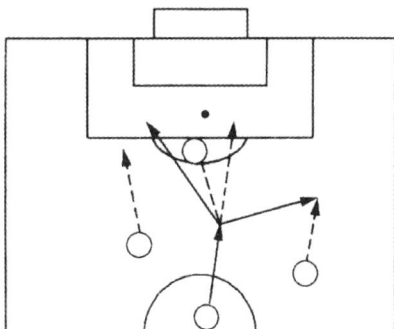

图5-11 中场发动进攻一

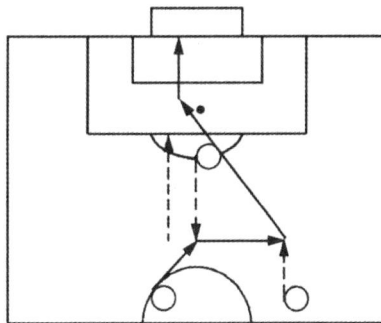

图5-12 中场发动进攻二

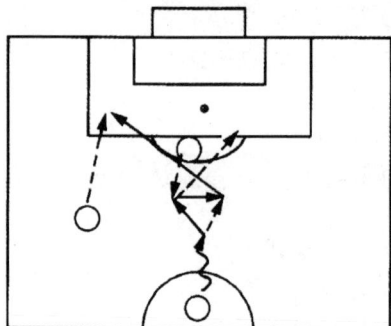

图 5-13 中场发动进攻三

③前场发动进攻

前场发动进攻时,前锋后撤并反切插入身后所留出的空当,在罚球区附近做踢墙式二过一配合是突破对方中路密集防守最有效的方法。

（2）中边转移

当中路渗透没有达到目的后,要及时往边路转移,目的是分散中路守方的注意力,然后通过边路突破再将进攻方向转到中路。通过中边转移可以打乱对方的防守战线,利用空当,创造破门得分的机会。

二、足球防守战术

(一) 个人防守战术

个人防守战术主要有以下几种形式。

1. 选位与盯人

选位是指防守队员在防守时选择合理的位置进行防守。一般来说,防守队员选位应站在对手与本方球门中心所构成的直线上。盯人是在选择正确的位置后,监控所要防守的对手,严密控制其进攻行动。在选位与盯人时,应注意以下几个事项。

（1）在进攻队员之前及时选位。

（2）所选位置应位于进攻队员、防守队员和本方球门中点三点所成的直线上,并保持适当距离。

（3）所选位置要与同伴组成纵横交错的三角或菱形网络队形。

（4）在以多防少或以少防多时,要灵活选位。

2. 抢球

抢球是指抢断或破坏对方控制的球。运用这种战术时,要保证集体防守的稳固性。抢球既是一项重要的个人技术,同时也是个人防守能力的重要标志。抢球的基本要素有站位正确、距离合理、时机准确。

3. 断球

断球是从途中拦截对方的传球或对对方的战术行为进行破坏的行为。想要转守为攻,断球就是一种最有效、最可取的战术行动。要想方设法快速反击,使对手来不及反抢。断球的要素包括判断正确、位置合理。

(二)局部防守战术

足球局部防守方法有以下几种。

1. 保护

保护是指在同伴防守对手时,自己通过选择有利的位置来协助同伴防守,防止对手突破。一旦同伴被控球队员突破,保护队员可以及时封堵对手的进攻线路或夺回控球权。如果同伴夺回控球权,保护队员还可以及时接应并发动进攻。

2. 围抢

围抢是指在防守时,两名以上的防守队员通过多方位夹击对方的控球队员,抢夺或破坏对方球的战术配合。在球场中,防守队半场的两地底角和中场的边线附近是实施围抢最为有利的位置。

3. 补位

补位是指防守队员之间相互协作的防守配合行动,也是防守队员弥补同伴防守过失时采取的战术配合。补位主要有以下几种形式。

(1)队员去补空当,比如边后卫插上助攻时,就有一个同伴暂时补他的位置,以防止插上进攻失误时,对方利用这个空当来反击。

(2)当同伴被突破之后,保护队员要及时补位防守,要夺回球或阻断对方的进攻路线。被突破的队员要迅速后撤,选择适当的位置后保护队员。

(3)在守门员出击时,后卫队员要及时回撤到球门线附近,弥补守门员的位置,防止守门员出击出现失误,对方突然射空门。

(三) 集体防守战术

集体防守战术主要有以下几种形式。

1. 人盯人防守

人盯人防守是指在比赛中每一个防守队员都盯住一个对手,并封锁对手的进攻线路,控制对手的活动和传球、控球的配合方法。这种战术的主要特点就是在全场攻守中,两两对垒的情况在每个时间和空间中都会让进攻队员始终处于压力之中。

2. 区域盯人防守

区域盯人防守是防守方根据场上队员的位置分布,每名防守队员在一个区域进行防守,在对方队员跑到本区域时,积极展开防守,对对手的进攻进行限制的配合方法。在对这种防守战术进行使用时,每个防守队员都要明确职责,要善于与同伴配合,若某一区域盯人防守失败时,邻近队员要及时补位,被突破的防守队员应及时与其换位,以实现有效的整体防守。

3. 混合盯人防守

混合盯人防守是指人盯人和区域防守相结合的一种防守配合方法。这种防守战术最大的特点是可以根据对手的情况,充分、灵活地利用盯人防守和区域盯人防守的优点,以此来提高全队防守的效益。采取混合盯人防守战术时,通常将体能素质好、个人作战能力强的防守队员作为人盯人防守的核心球员,其他队员则采用区域盯人防守。

第三节　足球战术训练方法

一、足球战术对抗性训练方法

(一) 向空当传球

1. 训练方法

在边长为 12 米的正方形场地上练习,4 名练习者作为进攻方围成大圆圈相互传接球,两名练习者在圈内作为防守方抢截球,传接球出现失误的进攻者和其中一名防守者交换位置练习,或者球被防守者截断后与该名防守者互换位置继续练习,如此反复交换练习。

2.训练要求

(1)进攻者传球后时刻做好接球准备,除了要原地接球,还要在制造出空当的情况下进行空当接球。

(2)传接球时既要对球的位置进行判断,又要对防守方的位置进行观察,要兼顾二者。

(3)防守方抢截球一定要积极主动,同时两名防守练习者要相互保护和配合对方。

(4)随着训练水平的提高,减少进攻者人数,并对进攻者的触球次数做出规定。

(二)一对一对抗

1.训练方法

练习场地为长15米、宽10米的长方形场地,将一根旗杆放置在场地上。两名练习者分别为进攻队员和防守队员而进行练习。进攻者灵活控球,用球将旗杆击倒,在这个过程中防守者将各种防守方式利用起来阻止进攻者成功击旗杆,所以进攻者既要控好球,又要灵活运用运球过人和摆脱防守的技术。两名队员互换角色反复练习。

2.训练要求

(1)多名队员两两一组共同练习,累计分数,提高训练的对抗性和趣味性。

(2)进攻者和防守者尽可能将自己的优势技能发挥出来,善于观察对方的弱势,以强攻弱。

(3)防守者人盯人严密防守,进攻者用过人技巧摆脱防守。

(三)二过二配合

1.训练方法

练习场地内设置一个小球门,6名队员参与练习,两两一组,分为进攻组、防守组和守门组。教练员开球,进攻者采用传切配合战术向球门射球,只能在前场和中场完成射门,在这个过程中防守组积极防守和抢截,如果进攻组成功射门,则与守门组互换位置练习,如果球被防守组截断,则进攻组由攻转守,防守组由守转攻,继续练习。

2.训练要求

(1)练习者对战术意图要有深刻的理解,要将二过一配合方式灵活运用起来,把握好射门时机,巧妙摆脱防守。

(2)不管是防守方,还是进攻方,抑或是守门组,都要灵活应变,不能太死板机械,要提前设计好行动方案,至少两套方案,以根据实际情况而选用。

(3)提高人盯人防守的效率,避免防守失误。

(4)队员紧密配合,做好呼应。

二、足球战术组合训练方法

(一) 斜传直跑

1.训练方法

如图 5-14 所示,两名队员站在起点线,相互间隔 10 米左右的距离,练习距离为 40 米。非持球者向终点方向沿直线轨迹跑动,持球者向同伴斜传球,同伴接球再斜回传,如此交替传接球跑完 40 米全程,然后按同样的方法返回起点。

2.训练要求

(1)传球者要将传球的方向、角度和力量控制好,要根据同伴的位置来传球,斜传角度以 40° 左右为宜。

(2)在跑动中传接球时有意识地做一些摆脱动作,以培养良好的摆脱防守的意识和习惯。

(3)采用多种踢法完成传球动作,刚开始放慢速度和节奏,熟练后加快速度,跑动中完成高频率的传接球。

(4)在练习场地放置几根相互间隔 8 米左右的木杆,以对传球方向和角度加以控制。

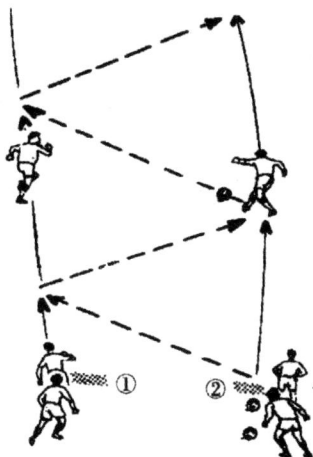

图 5-14　斜传直跑 [1]

（二）直传球斜线跑动

1. 训练方法

3 名练习者围成一个三角形,如图 5-15 所示。①号练习者向②号练习者直传球,传球后向②号位置快速斜线跑,②号练习者横向跑动接球,再向①号位置直线回传球,传球后再向③号位置斜线跑进,③号练习者横向跑动接②号练习者传来的球,然后再向对面的①号练习者直线传球,①号练习者横向跑动接③号练习者传来的球,如此反复练习。

2. 训练要求

（1）传球者要将传球力量、传球方向控制好,根据接球者的位置而合理传球。

（2）传接球的过程中要有摆脱的意识。

（3）两脚交替传球,采用多种方式传接球。

（4）为提高练习者的方向感,可将练习场地安排在罚球区横线附近。

---

① 于泉海,斯力格.青少年足球训练及教育指导[M].沈阳:辽宁大学出版社,2009.

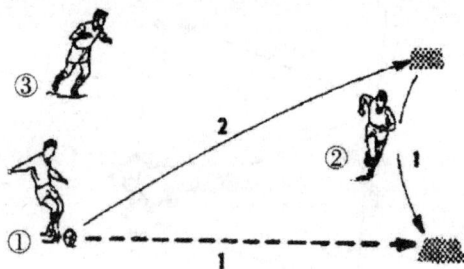

图 5-15　直传球斜线跑动[1]

(三) 二次跑位反切跑动

1. 训练方法

如图 5-16 所示,两人一组站在球门线处,相互间隔 8 米左右的距离,持球者向正前方直传球,同伴快速斜线跑动接球,二人交叉换位,同伴接球后继续向前直传球,之前的传球者快速反切跑接球,如此交替传接球。

2. 训练要求

(1)跑动传接球的过程中要有摆脱的意识,养成好的习惯。

(2)将传球力量控制好,两脚交替用不同方式传球。

(3)将反切跑的时机掌握好,突然反切,传球给反切队员前先做假动作。

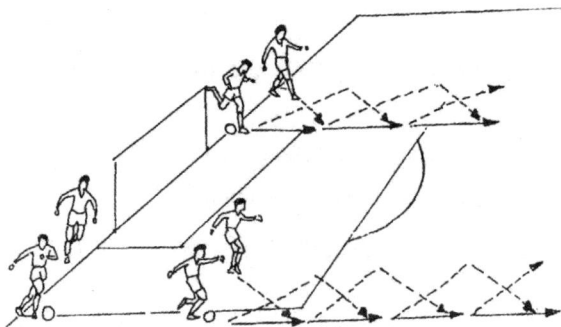

图 5-16　二次跑位反切跑动[2]

---

[1]　于泉海,斯力格.青少年足球训练及教育指导 [M].沈阳:辽宁大学出版社,2009.

[2]　同上.

(四) 局部反切配合

1. 训练方法

如图 5-17 所示,3 名练习者在中线附近的站位基本平行,②号练习者给边线的①号练习者横传球,传球后向外侧边线斜线跑动,①号练习者接球后给③号横传球,这时②号练习者急停向里线反切,③号练习者跑动接球后立即给②号练习者传球,②号练习者接球后直接射门。三人互换位置反复练习。

2. 训练要求

(1)边线①号练习者接球后先做逼真的假动作,然后给③号练习者传球。

(2)②号练习者要将内切的时机掌握好,突然跑动,把握好节奏。

(3)②号练习者内切跑动到将要与①号练习者站位平行时,③号练习者伺机跑动准确完成传球任务。

(4)分组练习,提高对抗性。

图 5-17　局部反切配合[①]

---

① 　于泉海,斯力格.青少年足球训练及教育指导[M].沈阳:辽宁大学出版社,2009.

第四节　足球战术游戏训练

一、个人进攻和防守

(一) 游戏目的

培养与提高足球后备人才一对一攻守对抗能力。

(二) 游戏方法

在长 25 米,宽 10 米的长方形场地上练习,设置小球门,将标志物放在场地一端的底线上,两人一组,一人在球门一侧持球,另一人在对面底线处(图 5-18)。

游戏开始,持球者给另一人斜传球,然后迅速向球门前方移动做好防守准备,底线处练习者接球后想方设法带球进入球门,这个过程中会遇到另一人的严密防守,如果防守者成功将球抢断,则互换位置继续练习。持球者成功带球进入球门得 1 分,得分多的练习者获胜。

图 5-18　个人进攻和防守 [1]

---

① (美)乔·勒克斯巴切尔(Joe luxbacher)著,马冰等译.足球训练游戏[M].北京: 人民体育出版社,2001.

二、墙式二过一

(一) 游戏目的

促进足球后备人才防守技战术能力的提升。

(二) 游戏方法

如图 5-19 所示,3 名练习者在面积大小适宜的正方形区域进行游戏,其中进攻者两名,防守者一名。两名进攻队员相互配合传接球,将控球权牢牢掌握好。刚开始持球队员给同伴传球,传球后向防守者背后快速跑进接同伴的回传球。在这个过程中,防守者积极抢断,5 分钟后,防守者与其中一名进攻者互换位置和角色继续练习。

进攻者连续 5 次成功传球得计 1 分,绕过防守者完成墙式二过一传球计 2 分。防守者迫使进攻者控球出界或成功抢断球则计 2 分。规定练习时间内得分多的练习者获胜。

图 5-19　墙式二过一 [1]

三、传球和接应

(一) 游戏目的

对足球后备人才的跑动接应能力、传接球能力进行培养。

---

[1] （美）乔·勒克斯巴切尔（Joe luxbacher）著，马冰等译．足球训练游戏 [M]．北京：人民体育出版社，2001.

（二）游戏方法

如图 5-20 所示，在面积大小适宜的正方形区域练习，3 人进攻，两人防守。进攻方相互传接球，牢牢掌握控球权，两名防守者积极防守，进攻方连续 8 次成功传球，得 1 分，防守方迫使对方传球出界或成功抢断球得 1 分。规定时间内分数高的组获胜。

图 5-20　传球和接应 [1]

四、一对一攻守

（一）游戏目的

促进足球后备人才个人攻守技能的提升，使其将运球和掩护球的技巧熟练掌握好。

（二）游戏方法

如图 5-21 所示，在面积大小适宜的正方形区域练习，安置一个小球门，将两个锥形旗子或其他标志物放在场地中间。

游戏开始，两名练习者在各自的位置一攻一守，进攻选手带球突破防守且成功穿过球门得 1 分，当进攻选手控球失败、使球出界或被防守

---

[1]　（美）乔·勒克斯巴切尔（Joe luxbacher）著，马冰等译.足球训练游戏 [M].
北京：人民体育出版社，2001.

选手将球抢断时,攻守双方互换角色进行练习。每局1分钟,共进行5局游戏,得分多的练习者获胜。

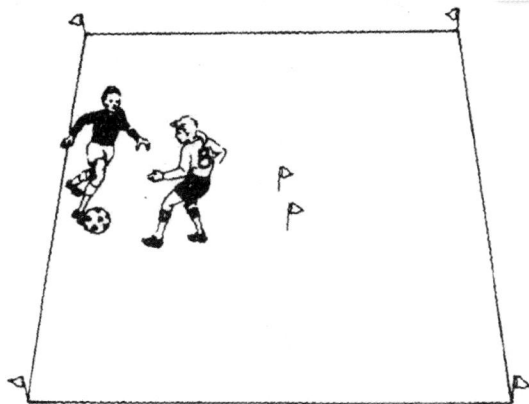

图 5-21 一对一攻守 [1]

五、四对二(加二)

(一)游戏目的

提高小组战术运用的熟练度和运用效果。

(二)游戏方法

如图 5-22 所示,在面积大小适宜的长方形区域练习,在场地两端底线用锥形旗子围成两个小球门。每次参与游戏的两个组各有四名队员,一组为进攻组,另一组为防守组,防守组其中有两名队员在场地上防守,另外两名队员分别在底线的两个球门处担任守门员角色,进攻方将球射入任一个球门均算射门成功,可得分,场上的两名防守者如果成功将球抢断,则要先向负责守门的同伴传球,不可直接射门。最后射门次数多的队获胜。

① (美)乔·勒克斯巴切尔(Joe luxbacher)著,马冰等译.足球训练游戏[M].北京:人民体育出版社,2001.

图 5-22　四对二 [1]

六、传球、带球或射门得分

(一) 游戏目的

提高足球后备人才合理运用个人攻守战术和配合集体攻守战术的能力，并培养良好的耐力素质。

(二) 游戏方法

如图 5-23 所示，在面积大小适宜的长方形区域练习，在场地两端底线放两个球门，在两地边路用旗子各设置一个小球门。参与游戏的两个队各有 6 名选手，各派 5 名选手在场地上进攻或防守，剩余选手各自在底线球门处担任守门员角色。持球组在场区中间开球，组织进攻，相互配合，目标是向对方球门成功射门，或带球突破防守穿过边路的模拟球门，达到这两个目标都可以得分，按正式比赛规则进行游戏。规定游戏时间，得分多的队获胜。

---

① （美）乔·勒克斯巴切尔（Joe luxbacher）著，马冰等译.足球训练游戏 [M].
北京：人民体育出版社，2001.

图 5-23　传球、带球或射门得分 [①]

七、控制球

(一) 游戏目的

对足球后备人才传球配合中的控球能力进行培养,使其合理使用个人与小组的攻守战术。

(二) 游戏方法

如图 5-24 所示,在面积大小适宜的长方形区域练习,在场地两端底线放两个球门,参与游戏的两组各 5 名队员,各派 1 名队员担任守门员。持球组在场区中央开球,连续 10 次成功传球或向对方球门成功射门都可得分,第一种情况得 2 分,第二种情况得 1 分。防守方可通过断球、抢截球而摆脱被动局面。规定游戏时间,到规定时间后双方互换角色继续游戏,得分多的队获胜。

① （美）乔·勒克斯巴切尔（Joe luxbacher）著，马冰等译．足球训练游戏[M]．北京：人民体育出版社，2001．

图 5-24　控制球 [1]

八、三角门

(一) 游戏目的

促进足球后备人才人盯人防守能力和自我保护能力的提升,提高耐力素质水平。

(二) 游戏方法

如图 5-25 所示,在面积大小适宜的长方形区域练习,在两个半场用锥形旗子做两个小球门,分两组参与游戏,每组各有 3 人,没有守门员。其中一队先持球进攻,从三角形球门任何一个边射门都可得 1 分。防守者积极防守,将三角形球门的每个边都保护好。规定游戏时间,到规定时间后双方互换角色继续游戏,得分多的队获胜。

---

① (美)乔·勒克斯巴切尔(Joe luxbacher)著,马冰等译.足球训练游戏[M].北京:人民体育出版社,2001.

图 5-25　三角门 [1]

① （美）乔·勒克斯巴切尔（Joe luxbacher）著，马冰等译.足球训练游戏 [M].
北京：人民体育出版社，2001.

第六章　足球后备人才综合素质的培养与提升

　　现如今,竞技体育竞争越来越激烈,足球这项运动尤甚,足球这一运动领域人才辈出,让广大足球运动员倍感压力。足球比赛成绩与个人的综合素质能力息息相关,要想提高比赛成绩,不仅要开展专业的技战术训练,而且要重视对足球后备人才综合素质的培养,从文化知识素养、训练组织管理能力到科研能力、运动智能等,全方位、多层次提升足球后备人才的素质。通过本章的学习,希望广大足球后备人才了解综合素质的组成要素,并充分利用足球这项运动提升个人综合素质,早日成为一名一流的足球运动员或教练员。

第一节　足球文化知识素质培养

一、足球运动的发展概况

(一) 古代足球运动的发展

1. 我国古代足球运动的发展

　　国际上普遍认同中国是足球的发源地,后因战争原因足球传入西方。可见了解我国古代足球运动的发展史对于增加足球文化知识、了解足球的起源具有非常重大的意义。足球在我国战国、两汉、唐、宋、元、明、清各个时期都有着长足的发展。

　　(1)战国时期。据可靠的史料记载,远在公元前的战国时期,我国就出现了古代足球运动,只是我国古代足球被称为"蹴鞠"或"蹋鞠"。

其中,"蹴""蹋"代表踢,"鞠"指球。《史记·苏秦列传》一书中记载有苏秦到齐国游说齐宣王时的一段话:"临淄甚富而实,其民无不吹竽、鼓瑟、弹琴、击筑、斗鸡、走狗、六博、蹋鞠者。"[①] 由此不难看出,在当时齐国将"蹋鞠"作为一项民间娱乐活动。

（2）两汉时期。两汉时期的蹴鞠活动不仅具有娱乐性质,受到各阶层的欢迎,而且增加了军事性,既具有表演性又具有竞技性。

河南出土的多幅汉画像石中均出现了蹴鞠这一活动形式。其中描绘了球员在伴奏下进行起脚踢球的场景,这幅图中的踢球活动被看作是具有表演性质的"踢球舞"。在李尤的《鞠城铭》一书中首次对蹴鞠的比赛规则进行了介绍:"圆鞠方墙,仿象阴阳。法月衡对,二六相当。建立长平,其例有常。不以亲疏,不有阿私。端心平意,莫怨莫非。鞠政犹然,况乎执机。"[②] 汉代足球亦作为一种军事训练,《汉书·霍去病传》一书中曾记载霍去病在军队中开展蹴鞠比赛。汉朝末期,民族起义爆发,足球的一些动作(如射法)被视为一种战斗技巧,受到军队和起义军的重视。与此同时,汉代已经出现"蹴鞠客",他们是一群具有精湛踢球技艺的人,常寄居在贵族的家中,为贵族们进行表演。甚至还会被邀请到皇宫内园中,为皇帝带来精彩的表演。内园是皇宫中一个专门的组织,供养着大量艺人,其中包括从事马球、相扑、踢球等项目的艺人。

（3）唐宋时期。蹴鞠活动在唐朝达到了顶峰,足球的制作方式也发生了较大的变化。人们开始用多边形组圆,用动物的膀胱做球胆,并向胆中充气,使足球可以腾空而起。并在此期间,发明了筑球和白打两种踢法。蹴鞠从唐代开始便传向日本,日本各地多采用白打踢法。虽然足球在技术上有了很大的发展,但日渐丧失其对抗特性。

宋代以来,蹴鞠活动普及开来。甚至出现了以《蹴鞠图谱》为代表的大量专业书籍,介绍蹴鞠这项运动。其中对基本动作、姿势进行了描述,还规定了足球比赛的一些规则,介绍了常见的足球品种。

（4）元明清时期。元代首次出现男女对踢,在一定程度上冲击了封建礼教。在一些元代出土的文物中,出现了男女进行足球活动的装饰,足球不仅仅出现在文物中,在散曲中也有套曲歌唱男女对踢的场景。

在明朝,明太祖朱元璋明令禁止开展蹴鞠活动,但社会各地仍不乏

---

① 王崇喜.球类运动——足球[M].北京:高等教育出版社,2001.

② 戴朝.古代文学作品《鞠城铭》中的体育精神解读[J].短篇小说(原创版),2013(18):115-116.

蹴鞠这项运动的爱好者。后来,有一些贵族和宫女热爱这项运动,蹴鞠也就成为大家消遣娱乐的方式。

清代统治者大力提倡满族运动,汉族的蹴鞠运动被加以限制,到了清代中叶,基本见不到足球的身影,只有在极少数地区还会出现蹴鞠运动。但蹴鞠的运动形式被清代统治者保留下来,移植到冰上运动中,作为一种冰上游戏。

2. 世界古代足球运动的发展

世界上很多民族、地区都曾有用脚玩球的历史,是一种早期的足球游戏。

在古希腊、古罗马地区,曾出现一种被称为"哈巴斯托姆"的足球运动,风靡一时。这种游戏需要双方球员将球带过对方底线。

法国出现了与"哈巴斯托姆"形式几乎相同的游戏比赛,只是其游戏场地非常之大。

中世纪欧洲,有一种叫"苏里"的足球游戏受到大家的欢迎。文艺复兴时期,足球这一游戏项目发展迅速。

到了 11 世纪,"哈巴斯托姆"足球游戏进入英国并开始流行。但当时人们常常在闹市区、在街道上任意踢球,影响了社会治安,造成了社会混乱。因此,君主们大力反对此游戏。英国国王爱德华三世甚至曾颁布法令禁止此活动:"凡有男子居住在伦敦城内,在城内不得踢球,节假日尤甚。"此后又补充颁布了一条法令:"节日期间,人们禁止踢球但可以进行射箭游戏。"但仍有少部分人将足球作为一项娱乐项目,使其得到持续的发展。1490 年,将此游戏活动正式命名为"足球"(football)。

到了 1681 年,查理二世国王废除了禁令,允许人们从事足球运动。到了 18 世纪,足球运动在英国大学中盛行,剑桥大学制定了适合学校比赛的游戏规则,得到多数学校的认可。随着英国工业革命的发展,人们的生活质量不断提高,广大社会人士也参与到足球运动当中。第一个足球俱乐部——谢菲尔德俱乐部 1857 年在英国成立。从此,英国的俱乐部纷纷建立起来,小型足球比赛越来越多,但此时缺乏全国性的足球组织和统一的比赛规则,足球的进一步发展受到阻碍。

(二) 现代足球运动的发展

现代足球运动诞生于 1863 年 10 月 26 日,因为在这一天,英国成立了第一个足球运动组织——英格兰足球协会,11 个俱乐部代表举行了会议。会上对剑桥大学制定的规则进行了修改,并制定了统一的规则。这是历史上首次颁布的较为统一的足球竞技比赛规则。此规则包含了 14 条最基本的注意事项,被称为是现代足球比赛规则的基础。规则中明确指出足球比赛过程中禁止用手触球。该规则的制定对于足球运动的发展起着重要的推动作用。1872 年英国足球协会举办了第一届优胜杯赛,大大扩大了现代足球的影响力,足球运动开始在全国范围内流行。

现代足球在英国兴起后,开始传播到世界各地。到了 19 世纪,许多国家(如阿根廷、比利时、意大利等)都成立了各自的足球协会。1885 年英格兰首次创办了职业足球俱乐部,各国纷纷效仿,相继成立了自己的职业足球俱乐部。足球运动迅速发展,席卷诸多欧洲国家。国际间有意向举办大规模的足球赛事,但当时缺乏国际性的足球组织,无法协调各国的足球运动和比赛。在此形势的推动下,包括法国、比利时、丹麦、瑞典、西班牙、荷兰、瑞士在内的 7 个国家的足球协会代表在 1904 年 5 月 21 日的巴黎举行正式会议,在会议期间成立了第一个国际性质的足球组织——国际足球协会联合会,该组织属于国际奥林匹克委员会的一部分。但英国对此组织持怀疑态度,拒绝加入。到了 1905 年,英格兰足协终于承认了国际足联并申请加入,苏格兰等多地也先后加入。

1870 年首次制定了越位规则,1925 年对越位规则进行了进一步的修改,最终确定将无球进攻球员与对方的球门线之间少于 2 名对方球员的区域算作越位区域。新越位规则的颁布具有重大意义,大大促进了足球技战术的发展,增加了防守的难度,并重视足球比赛的攻守平衡。

为了顺应足球比赛规则的变化,英国契甫曼在 1930 年率先创造了第一个分工明确、攻守平衡的"WM"阵型,在国际足坛盛极一时。20 世纪 50 年代初,匈牙利人创造了四前锋打法对抗"WM"阵型并逐渐取代了"WM"阵型。1958 年巴西人创造了"四二四"阵型,瞄准四前锋阵型在防守方面的弱点,从而使攻守人数保持平衡,足球技战术在短短 30 年间快速发展。直到 1974 年,荷兰人创造了整体型的打法,从此,足球运动大多采取全攻全守,进入了"全面型"时代。

二、足球运动的特点与价值

(一) 足球运动的特点

1. 规则设备简单,观赏性强

足球比赛所需要的设备非常简单,只需要球门、球网、场地等。足球活动方式灵活,可进行单人颠球练习,也可接受接传球练习或较难的战术训练。当场地有限时,可以进行 5 对 5 等多种类型的小型比赛。足球比赛规则相对容易掌握,全民都可利用空余时间参与足球活动。足球作为高强度的对抗比赛,场上局势变幻莫测,比赛胜负难以预料,双方在综合对抗中彰显足球运动的魅力。

2. 蕴含丰富的文化内涵

足球运动作为世界第一运动,蕴含了丰富的文化内涵,反映了不同国家民族的精神品质、价值观念、民族品格。巴西、阿根廷、德国、法国等多数足球强国在比赛中有各自鲜明的特点,彰显着本国的地域文化、身心素质、共同追求,足球文化已成为他们本土文化中的重要成分。

3. 巨大的经济效益

足球运动蕴含着巨大的经济效益,目前已经高度商业化、国际化。足球高投入、高产出的特点使得其在一些国家(如意大利)中成为国民经济中的支柱产业。职业俱乐部每年的盈利金额数目巨大,卓越球员的转会费用高昂,个别顶级球星甚至能拿到几千万美元的转会费。举办一场商业足球比赛盈利数百万不在话下。受经济效益的驱动,一些南美洲、欧洲的贫苦儿童从小将足球作为改变命运的途径,奋不顾身地投入到这项运动之中,洒下了他们的汗水,奉献了他们的青春,缔造了他们的辉煌。

(二) 足球运动的价值

1. 强身健体,增强体质

足球运动能有效锻炼人的身体素质(包括速度、力量、耐力等),提升人体的心血管系统、呼吸系统等运动系统的机能,发挥着强身健体、增强体质的作用。

2. 改善心理素质,提升综合能力

足球比赛对运动员的感知觉能力、想象力、思维力、创造力都是巨大的考验,经常参加足球比赛,能够改善人的心理素质,培养坚韧不拔、永不放弃、坚强勇敢、荣辱不惊的可贵品质,同时教会人热爱集体,团结协作,从多方面提升人的综合能力。

3. 振奋民族精神,增进各国友谊

足球运动往往作为国家精神建设的一部分,各个国家媒体对重大足球赛事给予高度重视,倡导体育道德风尚,弘扬体育精神,激发振奋民族精神,提高集体荣誉感、民族自豪感。足球甚至可以使有纠纷的国家、地区化干戈为玉帛,唤起和增进各国友谊。

4. 拉动经济发展,创造大量财富

现今足球运动的影响力非常巨大,足球产业已经成为市场经济中的重要组成部分。国际足联通过开展大量成功的商业活动,如售卖足球彩票、电视转播等,积累了高达 2500 亿美元的巨额财富,为足球运动的发展提供了强大的经济支持。与足球相关的运动器材、纪念品、服装行业也得以快速发展,为失业人员提供了大量就业机会,拉动了经济的发展。

三、足球赛事文化

(一) 足球比赛的方法

足球比赛是以脚为主、除手和臂以外的身体其他部位支配球(守门员在本方罚球区内和队员掷界外球时除外),在长方形、平坦的、两端各有一个球门的场地上,两队相互攻守,激烈对抗,以射门进球多少决定胜负的球类运动项目。[①]

在正规足球比赛中,4 名裁判员(一名主裁判,一名第四官员,两名助理裁判)共同组织、控制比赛进程,对场上情况做出判罚,引导比赛的公正与安全。需要说明的是,在引进 VAR 后,足球比赛又多了 4 名视频助理裁判员。

---

① 　王崇喜 . 球类运动——足球 [M].北京: 高等教育出版社, 2001.

一场足球比赛每队有 11 人上场(包括一名守门员),按照规定可配备多名替补队员,比赛过程中被替换下场的球员不得再返回赛场重新参与比赛。

比赛总时长 90 分钟,分为两个半场(每个半场 45 分钟),中间有 15 分钟的休息时间。比赛结束时,进球数多的球队获胜。若双方进球数相同,则进行为期 30 分钟的决胜期。决胜期也分为每场 15 分钟的两个半场,只是中间没有休息。决胜期结束时,进球数多的球队获胜。若仍为平局,则以点球方式决胜负。

比赛开始前,场地的选择由双方队长的投币结果决定。决胜期需要重新选择比赛场地。在上半场比赛结束后(包括决胜期上半场),双方球队交换比赛场地和开球权。上下半场比赛开始时或进球后,要在中圈进行开球。开球时,队员需站在本方半场场地内,非开球球员不得站在中圈内。

比赛进行过程中,若队员将球踢出界外,对方球员需在出界处掷界外球恢复比赛;若从本方的球门线出界,对方在球出界的角球区附近踢角球恢复比赛;若从对方的球门线出界,对方球员在球门区内将球踢出,恢复比赛。越位犯规指球员处在越位位置并参与了比赛,若被裁判判为越位,就应该由对方球员在越位地点踢间接任意球。裁判应仔细观察场上球员的实际操作判断其是否犯规,若违反规则,则判罚直接任意球或间接任意球。直接任意球和间接任意球通常由对方球员在犯规地点罚球。这时,其他球员应站在罚球区与罚球弧以外的场地中。

(二) 足球比赛的特点

现代足球经过多年的发展已经发生了深刻的变革,其发展的速度也是越来越快。足球比赛中应注重对时间和空间的把握,争取获得时空上的优势。足球比赛实际上是攻守双方在时间空间上进攻与防守、限制与反限制的较量,是双方球队在技战术、身心素质上的全面较量。以科学的时空观为指导,分析比赛,了解足球,开展训练已成为足坛的新方向。

1. 对抗激烈,比赛节奏快

足球比赛攻守双方的拼抢越来越凶狠,对抗越来越激烈,双方都积极主动地争夺时空的主动权。在强对抗中,可利用的时间更短,创造空间优势也越发困难。为争取宝贵的优势,球员采用多种形式的对抗,如贴身盯防、争顶高球等。时间是足球比赛中最关键的因素,根据统计结果表明,在一小时的时间里,攻守双方的转换多达 300 次。各球队俱乐部都重视提升球员的速度,进攻速度加快意味着在更短的时间里占据先机;防守速度加快意味着更快控制球场上的要害区域。但速度变快必将降低准确性,一味追求速度反而适得其反。因此,现代足球比赛追求比赛节奏的快速变换。比赛节奏指在特定的时空范围内,比赛双方球员通过控制球的活动,将宽度、深度、快速、慢速等多种因素进行的组合。现代足球逐渐向复合节奏演变,以实现创造多方位的优势,以求最终寻找到最为有利的进攻方位。

2. 技术注重实用性

球员在比赛中对时间空间的控制包括三个阶段。

(1)分析时空阶段。球员在行动前的一系列心理活动,包括感觉、观察、思维、决策等。

(2)赢得时空阶段。球员通过一系列的无球活动,创造有利条件,为实施运用技术做好准备。

(3)控制时空阶段。选择与运用合适的技术,将球控制在理想的范围内,准备破门。

现代足球要求尽量缩短三个阶段所用时间,对球员的心理素质和时空意识提出了更高的要求。球员因此在进行技术的选择时,更加看重技术的实用性,提高技术应用的熟练度。

3. 全攻全守战术成为主流与趋势

20 世纪 70 年代,荷兰著名教练米赫尔斯创造性地提出了全攻全守的战术,又称“全面型”足球。此战术要求每名球员都需要拥有全面的技战术能力,过硬的心理素质和身体素质,并且能够做到频繁换位。与单调刻板的阵型相比,“全面型”足球具有显著的优势,队员可以不受固定位置的制约,随时参与进攻与防守,形成局部区域以多攻少的局势,提高了球队的时空控制能力,不仅能发挥出每名球员的不同特点,也充分集合了全队的整体力量。这种打法已渐渐成为主流,使比赛充满悬念,提升了比赛的水准。

4. 对球员的体能和心理素质提出了更高的要求

如今全攻全守战术的广泛应用,使比赛具有“强对抗、高速度”的特点,每名球员在比赛中都需要消耗极大的体能,其平均活动距离达到

10 000 米以上,冲刺快跑多达 150 次,完成约 100 次的技术动作。在一场顶级的足球赛事中,球员在超过 30 分钟的时间里心率达 180 次/分钟以上,耗氧量高达 300 升,相关数据结果表明,球员只有具备高水平的力量、耐力、速度、灵敏等素质才能适应现代的足球比赛。

(三) 重要的国际赛事

国际足联组织了多项重大国际赛事,其中著名的赛事有世界杯足球赛、奥运会足球赛、世界青年足球锦标赛等。以世界杯足球赛为例,介绍下世界杯足球赛这一国际赛事。

世界杯足球赛被视为规模最大、水平最高的足球赛事,受到各国的极大重视,象征着足球界的最高荣誉,在国际间有巨大的影响力和知名度。国际足联在 1928 年决定,从 1930 年起每隔 4 年举办一次世界足球锦标赛,后来世界足球锦标赛改名为世界杯足球赛。从 1930 年至今,世界杯足球赛共举办了 21 届,期间曾因第二次世界大战的爆发,中止了一段时间的比赛,一直到战后才得以重新举办世界杯。

国际世界杯足球比赛分为预选赛和决赛,任何国际足联会员国均可报名参加此赛事。从 1998 年起,规定有 32 支球队可以进入决赛圈。冠军奖杯原为“金女神杯”,但由于巴西队在 1970 年第三次夺冠而永远属于巴西。之后便采用“大力神杯”作为世界杯的冠军奖杯。

法国队、巴西队、意大利队、西班牙队、阿根廷队等球队作为历史强队,在世界杯比赛中均取得了不俗的成绩(表 6-1)。

表 6-1 最近五届世界杯比赛成绩

届数	年份	举办地	冠军	亚军	季军
17	2002	韩国、日本	巴西	德国	土耳其
18	2006	德国	意大利	法国	德国
19	2010	南非	西班牙	荷兰	德国
20	2014	巴西	德国	阿根廷	荷兰
21	2018	俄罗斯	法国	克罗地亚	比利时

四、各国的足球文化

文化是一个具有丰富内涵的概念,是一种社会现象、历史现象,是经过岁月的积淀长期形成的产物,文化凝结在不同国家、民族的历史、传统习俗、风土人情、思维方式、行为习惯之中,烙印在每个人的身上,代代相传。足球文化作为文化的一个组成部分,包含着各种排兵布阵、攻防转换、思维习惯、精神寄托,精彩纷呈的足球比赛堪称是一门艺术。很多国家将足球融入到各自的文化之中,孕育着具有自身特色的足球文化。一个小小的足球折射出了不同国家、民族的文化底蕴。

(一) 德国

德国人属于日耳曼人,是欧洲古代的一个民族。讲求秩序是德国民族性格中的一大特色。德国人像机器一样对工作一丝不苟,注重体面,遵守纪律,有顽强的意志力。

这个民族的品格渗透进了足球这项运动之中,足球不仅是一项丰富人们生活的运动项目,更帮助德国人恢复自信、维系德意志的民族认同。

德国是一个足球大国、强国,自称为是"足球民族",其足球普及程度甚高。德国的足球人口高达总人口的8%,拥有将近三万个足球俱乐部,规模最大的慕尼黑俱乐部拥有18.8万名会员。德国队的足球水平无可争议,曾四次获得世界杯冠军、三次获得欧洲杯冠军。球员和球迷甚至将足球比喻成宗教,可见其受欢迎程度。对于一些球迷而言,足球就是信仰。第二次世界大战后,德国背上了"杀人犯"的罪名,德国的国家形象、德国人的民族自信和民族自尊降到了历史最低点,而1954年的"伯尔尼奇迹"无疑帮助德国人找回了些自尊和自信。在1954年,联邦德国国家队在伯尔尼赢得了世界杯。这场比赛颇具戏剧性,对于德国人来说具有历史性的意义。在决赛中,德国队与匈牙利队相遇,上半场刚开始,匈牙利队就连进两球,但德国队紧追不舍,连扳两球,上半场结束时,以2∶2打成平手。下半场德国人表现英勇,在终场结束前6分钟,以3∶2反超,匈牙利队随即进了一球,但被判越位,比分最终保持在3∶2。德国球队胜利了! 这场比赛精彩绝伦,给德国民众注入了一剂强心剂,帮助其恢复了民族自信。

自古以来,德意志民族的民族认同感就不强,而足球成为凝聚全民的纽带。历史上,德意志民族的罗马帝国看似强大,实则有名无实,是一个松散的诸侯联盟,各邦国遵从自己的法律、经济、政治政策,有自己的军队,"碎片化"的政治格局阻碍了德意志民族的民族认同。等到了

1871年德国赢得德法战争的胜利,建立了第二帝国,多数德意志人才生活在共同的国家内,归属感缓慢形成。然而好景不长,第一次世界大战后建立起的魏玛共和国乱象丛生,各方政治势力难以调和,斗争不断,而二战后的德国更是背负着沉重的负担,出现了"认同危机"。虽然后来两德统一,但民族认同感缺失还未根除。足球与民族认同被历史奇妙地拴在了一起。给予大多数德国人共同归属感的正是德国国家足球队。德国人戏称足球冠军歌《我们是冠军》为德国的第二国歌,每当德国国家队进行比赛,全体德国人迸发出强烈的"民族认同",足球日渐被赋予构建民族与国家认同的使命。

无数人被德国球队的斗志昂扬、作风严谨、坚韧不拔所吸引,着迷于德国的足球精神、足球文化。被誉为"日耳曼战车"的德国球队追求功利,注重力与美的结合。回过头来看球星,"皇帝"贝肯鲍尔是震撼教科书中的当然人物,踢球风格实而不华,没有花哨的动作,只有实实在在的技术;更可贵的是,他开创了一个时代——清道夫时代。[①] 以坚韧不拔的德意志精神和超凡绝伦的真实技术为德国足球在世界足坛确立了光辉形象的鲁梅尼格;名震欧罗巴的一代少帅,集速度、技术、意识、顽强斗志于一身的萨默尔;力拔山兮气盖世项王形象的马特乌斯等,在他们身上,德国足球的线条清晰可见。[②]

(二)阿根廷

阿根廷文化是一种复杂多元的文化,在阿根廷进行独立战争之际,应征入伍的高乔人做出了巨大的贡献,阿根廷人的性格中处处彰显着高乔民族的精神。这也塑造了阿根廷足球的文化品格。

(1)忠诚性。阿根廷中大部分的欧洲移民来自社会中下层,他们当中有很深的家族观念,对新国度的生活充满了幻想,希望能够开启新的生活,因此对阿根廷这片新大陆具有较强的归属感。许多海外球员都对曾经效忠的欧洲俱乐部有很深的情感,如萨内蒂对国际米兰,"球王"马拉多纳对那不勒斯。

(2)自律性。阿根廷吸取了欧洲移民的理性思维,传承了在历史上造就出的独立进取精神,使众多阿根廷球员在俱乐部中表现出自律性,

---

① 隋晓航.德国文化与足球 [J].百色学院学报,2007(03):123-125.
② 隋晓航.德国文化与足球 [J].百色学院学报,2007(03):123-125.

举止低调,较少负面新闻。

（3）洒脱性。多数青年阿根廷球员以长发示人,显出洒脱气质。在比赛中较少采取强烈粗暴的身体对抗,而是采取灵活合理的拦截技术。

阿根廷足球独特的文化气质融合了欧洲和拉美足球文化的精髓。这种气质在足球技战术风格的表现上主要有两点:第一是阿根廷足球的战术素养层面,在南美国家中阿根廷无疑是战术素养最高的一支球队,比起他们的近邻巴西,阿根廷足球更加注重整体配合与目的性较强的组织控制和渗透,这秉承了欧洲球队惯有的战术素养。[①] 第二则体现在技术层面,其技术风格与巴西队截然不同,没有"花架子",更加合理、优雅,重视技术运用的创造性。

阿根廷诞生了许多天才的球员,他们往往集智慧性、领导性、创造性、全局性为一身。20 世纪 20 年代的球星代表斯塔比莱率领阿根廷夺得世界杯亚军,被誉为最佳射手,退役后作为主教练,多次帮助阿根廷获得美洲冠军。20 世纪 70 年代,新一代球星帕萨雷拉、肯佩斯为阿根廷打造出"海外兵团",复兴了阿根廷足球,夺得了世界杯冠军。之后"球王"马拉多纳作为颇具传奇色彩的球星,为阿根廷足球注入了灵魂与凝聚力,唤起了阿根廷人民的民族精神。步入 21 世纪,以梅西为首的多名新星陆续登上舞台,阿根廷全国人民期望他们能为国家带来新的荣耀。

第二节　足球训练组织管理能力培养

一、教练员的科学管控

（一）教练员的职责与基本素质

1.教练员的职责

教练员是整个球队的主导者,负责运动员的日常训练、思想教育与组织管理等工作,教练员的具体职责包括以下几个方面。

（1）在训练过程中调动球员的积极性,要求球员遵守规章制度,形

---

① 浦义俊,郑学增,邰崇禧.阿根廷足球文化特质的形成及其启示[J].体育文化导刊,2014(09):97-100.

成好的队风。

（2）以赢得重要赛事为主要目标，制定科学的训练计划，进行技战术的实操练习。

（3）保证每节训练课的顺利进行，注重考察训练课的质量和实际效果，训练任务明确，且具有针对性。在训练过程中不断培养运动员解决问题的能力。

（4）做好训练或比赛的医护监督、伤病防治工作，保证运动员的身体健康。

（5）与运动员、其他教练员、球迷或俱乐部之间建立良好的相互尊重的关系。

（6）精进自身业务能力，终身学习，掌握多种学科知识，有效提高科学训练水平。时刻关注足球最新动态，了解竞赛规则的变化、国内外先进的训练方法与宝贵经验，敢于进行探索与创新。

（7）定期参加教练员的培训与考核，主动向上级汇报训练进度、效果以及训练过程中遇到的困难。

2.教练员的基本素质

教练员的基本素质直接影响球队的足球训练效果。随着足球运动的竞争越来越激烈，对足球训练的要求越来越高，与此同时，也要求教练员有更高的基本素质。教练员的基本素质包括思想素质、能力素质和知识素质三个方面，三个方面内容缺一不可。

（1）思想素质。主要包括思想、意志、品格三个要素。教练员只有具有强的事业心和责任感，才有可能树立良好的形象，克服重重困难，使训练达到应有的效果，取得好的比赛名次。

（2）能力素质。能力素质包括基本能力和特殊能力两大部分。其中，基本能力包括认知、计划、交际、组织、教学等方面的能力，特殊能力主要体现在对足球运动员模式的准确识别、对运动员反馈信息的敏锐觉察力和一定的创造力等。

（3）知识素质。知识素质既包括教练员对足球的感性认识，也包括掌握的足球理论知识。

（二）教练员的培训

一些欧洲传统体育强国（如德国）不仅建立起了较为完善的职业

化体制,而且建立了严格的教练员培训制度,以保证教练员有较高的水准。其对教练员的培训主要包括以下几方面的内容。

（1）等级教练。将教练员划分为四个层次:教师级、A级、B级、F级。对每一级别的教练员提出了不同的要求。教师级需要在体院进行为期半年的培训学习,A级需要参加国家足协组织的5~6周培训班,B级需要参加州足协策划的为期4周的培训,F级则需要在综合性的体育行政机构进行培训。四个层次依次升高,只有获得较低层次的证书之后,才能申请高一层次的证书。

（2）训练内容。训练内容涵盖足球技战术、身体素质、基础理论知识、训练学、方法学、教育学等多学科内容,具体的培训内容与实际比赛密切相关。

（3）持证受聘。教练员必须拥有等级证书才能受聘于相应等级球队。例如,甲级或乙级职业队只有获得教师级或A级的证书教练员才能执教。

(三) 教练员的管理

教练员的管理需要遵循以下原则。

（1）能级原则。各级教练的能力应与实际岗位的具体职责相称。不同等级教练员的工作岗位不同,训练任务不同,训练对象有所差别。领导需要充分了解每名教练员的优势和具体特点,知人善任。为教练员安排与个人能力相匹配的职位,不浪费宝贵的教练员资源。为更好贯彻能级原则,应该与教练员签订聘用书与任期合同书。

（2）互补原则。在知悉教练员个体质量的情况下,优化教练员群体结构,使整个教练员班子的效用最大化。在选配球队教练员的过程中,领导者应该采取有针对性的选配,使球队运动员与教练员之间实现优势互补。

（3）激励原则。充分调动教练员的积极性,使之充分发挥个人才能。现常采用期望论的理论与方法激励教练员。期望论指一个人的努力程度取决于对其的激励,公式表示为:激励＝期望值 × 效价。

二、足球训练计划的制定

训练计划的制定是足球训练组织管理工作的重要一环,只有制定了明确、科学的训练计划才能使训练工作有条不紊地进行。训练计划是训练工作的基本依据,训练计划的制定需要符合现实目标的需要、考虑各种主客观因素。

(一) 球队的训练计划

足球队的训练计划包括多年训练计划、全年训练计划等五种类型,不同种类的训练计划是一个统一的整体。

(1)多年训练计划。包括逐年的目标、任务、比赛安排等,多年计划可以以文字或表格的形式呈现,计划的制定需要目标明确、任务具体、反应多年训练过程的基本面貌。

(2)全年训练计划。对多年训练计划进行细化,是五种训练计划中最为重要的一个组成部分。其内容一般包括球队概况、训练指导思想、奋斗目标、训练的基本内容、方法、手段等。全年训练计划一般根据主要的赛事任务划分为不同的周期。主要分为准备期、比赛期和过渡期。

准备期:在赛前从身心、技战术等各方面为比赛做好准备,以求达到最佳的竞技状态。在准备阶段着重一般的身体素质训练,后期逐步配备包括技战术训练在内的教学训练,并根据比赛日程安排模拟比赛。在比赛期前的一周内应适当降低运动量,保持适当强度的运动量。必要时,对运动员进行心理疏导,保证运动员做好充分的思想准备。

比赛期:在比赛期期间,球员需要提高竞技状态,力争取得好的名次。训练主要在两场比赛之间进行。根据上一场比赛中暴露出的问题开展针对性的练习,进行技战术的调整。要注意做好比赛期间的医护监督、伤病防治工作,重视预备队员的赛间训练。

过渡期:过渡期内应调整训练计划,使运动员得以从高强度的比赛消耗中恢复,消除身体和精神上的双重疲劳,为下一轮的比赛做好准备。过渡期可进行专项训练,保持一定的训练强度。

(3)阶段训练计划。在全年训练计划的基础上根据一年中各时期不同的任务、要求制定的计划,便于阶段与阶段之间进行衔接,使计划的针对性更强,更符合实际的情况。阶段训练计划一般包括各阶段的主要任务、训练时数、各训练项目的比重、主要方法等相关内容。

(4)周训练计划。每周的训练任务和要求。具体到周训练次数、每次训练课的时长、内容等。随着足球职业化的发展,全球各国纷纷实行周赛制的竞赛制度,即一周进行一场比赛的制度。目的是帮助运动员获得充足的比赛经验,始终维持较好的竞技感觉。

(5)课训练计划。指训练课教案,是实施训练计划的最具体的文件,基本内容包括训练时间、地点、训练课任务、内容、训练方法、组织要求、具体的训练流程等。训练教案一般包括准备部分、基本部分、结束部分。教案的实施需要根据球员在课上的具体表现、训练环境的变化做相应的调整。

(二)足球训练中的教学工作计划

教学工作计划包括教学大纲、教学进度、课时计划等方面内容。

(1)教学大纲。学校、训练队根据总教学任务与要求制定科学的教学大纲。一般由教学目标、课时数分配、教学内容与考核标准等内容组成。

(2)教学进度。指将教学大纲中的内容落实,形成进度表的过程。教学进度应该科学系统,把握节奏,切忌太快或太慢。运动员技战术的提升、训练动机等内容都应有所记录。

(3)课时计划(具体教案)。教案内容应该丰富详细,包括课堂上进行的所有教学活动。

三、足球训练的科学管控

(一)训练过程的管控

1. 足球训练过程管控的基本内容

训练过程的管控应该以科学的理论知识为指导,在实践中形成客观规律。对训练过程进行管控能够及时纠正错误,保证训练始终朝着目标进行。

训练过程的管控包括制定训练计划、控制训练实施、检验训练结果等内容(图6-1)。

2. 足球训练过程管控的注意事项

教练员对足球训练过程进行管控时需要注意以下几点。

(1)分析具体情况,因材施教。在制定具体的训练计划前充分了解各球队成员情况,以及场地上不同位置的具体战术任务。从比赛经验、技战术能力、训练强度、身体机能、心理素质、智力水平等各个方面对球员进行分析与评价,为每名成员设计针对性的计划,并指出全队现阶段的奋斗目标。

(2)设计具体训练程序。为完成制定的奋斗目标,教练员需要对训练内容、方法等进行合理选择,设计具体的训练程序与训练细节。

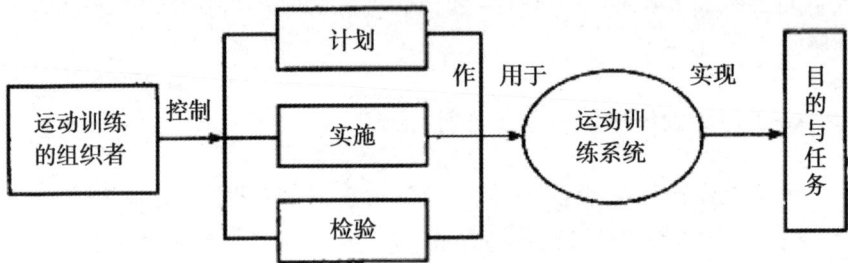

图 6-1　足球训练过程管控的基本内容[①]

(二) 训练负荷的控制

训练负荷指运动员在进行运动训练时身体上、心理上所承受的刺激、压力。训练活动要想有实际效果需要被训练者承受一定的运动负荷。而教练员的首要任务就是确定运动员所能承受的负荷量,以实现训练和比赛目标。

1. 影响运动训练负荷的因素

运动负荷离不开负荷量和负荷强度两部分内容,运动员运动训练负荷的大小受多种因素的影响。教练员需要认真分析、观察这些因素的变化情况,对运动负荷量进行适当的调整。

(1)运动员的个人承受能力。运动训练负荷的设置不能超过运动员所能承受的最大负荷。否则,会造成过度训练,使运动员出现不同程度的运动性损伤。运动员的个人承受能力会受到年龄、健康状况、心理状态、运动后的恢复等众多因素的影响。

(2)训练的周期。运动训练呈现出周期性的特点,运动员的机能提升有一定周期性,人体的生物节律会发生周期性的变化。与此同时,比赛的外界环境、气候变化、比赛的组织也是有周期性的。因此,运动训练

---

① 何志林.现代足球[M].北京:人民体育出版社,2000.

要具有层次性,不断调整训练负荷量的大小以适应各种周期性变化。一般情况下,在准备期内训练负荷量和强度都较大,比赛期间训练负荷量减少而强度提高,休整期内训练负荷量和强度都减少。

2.运动训练负荷的动态变化

运动员所能承受的训练负荷量和强度不是一成不变的,它会受到健康状况、运动水平等各种因素的影响呈现出动态变化。

(1)动态变化的基本趋势。在训练负荷的影响下,运动员机体会产生适应性变化,且在一定程度内,这种变化与运动负荷大小成正比。即负荷越大,机体适应性变化程度越高,竞技能力越高。一般情况下,在进行大周期训练时,运动负荷的动态变化呈现出某种基本趋势:训练负荷量加大后缓慢下降,同时缓慢提高负荷强度。比赛前需适当减轻训练负荷量,使运动员的身心得到一定程度上的恢复。

(2)调控运动训练负荷动态变化的具体形式。教练员需要运用负荷~恢复~超量~恢复的生理规律,采取合适的调控形式,逐步扩大运动负荷,从而达到提高运动员运动水平的目的。有以下两种形式较为常见,可加大运动负荷量。

①渐进式。适用于较短训练阶段,运动量按照相应规律斜线上升。

②阶梯式。适用于各个阶段,按上升~保持~上升的形式提高运动量。

第三节　足球科研能力培养

足球运动的科研工作关注于足球比赛或训练过程中出现的问题,探究问题的本质,寻找问题的解决办法,帮助提高运动训练成绩,完善足球相关理论知识。具备一定的足球科研能力能够提高足球后备人才的业务水平和科学素质,帮助足球后备人才解决实际中的问题,提高认识事物的能力,养成科学的思维方式。

一、足球科研工作的基本程序

培养足球科研能力,开展足球科学研究需要了解足球科研工作的基本程序,其基本程序是指科学研究工作的阶段划分和具体实施过程。足球科研工作的基本程序如图 6-2 所示。

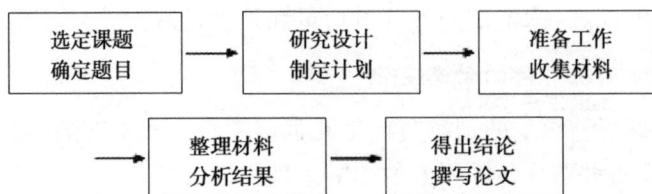

图 6-2　足球科研工作的基本程序

(一) 选定研究课题,确定论文题目

此环节作为科学研究工作的首要环节,需要研究者明确研究的问题和范围。在足球运动科学研究中,常见的选题包括足球教学、足球科学训练、足球比赛结果分析等。课题选择十分重要,只有选择了好的课题,加之具备扎实的专业基础,进行大量的信息研究,最终的研究成果才可能有实际的意义和价值。选定课题后,需要进一步确定所需撰写论文的题目。题目的确定应充分考虑研究的具体内容、相关领域,用词准确,便于理解与搜索查阅。

(二) 进行研究设计,制定科研计划

研究设计主要包含选择研究对象、确定研究方法、研究手段等工作,此程序是完成科研任务的重要保证。进行研究设计时,需要注意科研经费的预算,人力、物力、财力的消耗,研究时间的限制等。必要时可开展预备性工作,验证研究方法、手段的可行性、有效性。

科研计划涉及课题研究的实施方案,需要制定具体的工作计划表确保科研工作按时完成,工作计划表中相关内容如表 6-2 所示。

表 6-2　XX 学校毕业论文工作计划 [①]

姓名		性别		专业		年级	
论文题目							
选题依据							
研究任务与研究内容							

① 王崇喜.球类运动——足球 [M].北京: 高等教育出版社, 2001.

姓名		性别		专业		年级	
研究对象							
研究方法与研究手段							
预期结果							
所需仪器与经费							
工作安排	时间安排		工作地点与具体工作内容				
选题							
研究设计							
收集资料							
整理加工材料							
撰写论文							
指导老师意见				教研室意见			
备注							

(三) 做好准备工作, 收集相关材料

在开展具体的科学研究工作之前, 需要做好充分的准备工作, 收集大量相关资料, 获取各种数据。此程序是科研结果的重要依据和理论来源。材料的选择需要以研究目的为依据, 对海量文献资料、统计表、调查和实验数据进行有计划性、针对性的筛选。例如, 在知网上查阅不同的足球训练方法, 就是在收集资料。在收集资料的过程中, 需要对获取到的资料来源进行详细记录。

(四) 进行整理资料, 分析研究结果

此程序是研究工作的核心, 要求研究者能够透过现象把握本质, 具有较强的概括能力和逻辑思维能力。通过整理、分析、对比大量资料, 归纳出核心观点, 并在此基础上提出新的概念、方法、理论, 才能保证新研究成果的科学性和可信度。整理、分析材料需要运用多种统计学方法, 如差异显著性检验、多因素方差分析等。

(五) 得出最终结论,撰写研究论文

撰写论文是展示研究结果的关键一步,研究者需要将材料的收集、科研的过程、研究方法的选择、研究的最终结果以书面的形式加以表示。通过撰写研究论文,广大科研人员能够对研究成果进行交流,产生良好的社会效应。论文的撰写需要遵循一定的格式,掌握一定的逻辑方法,做到论述充分、用词严谨、论据充分、层次清晰。

二、足球科研选题工作

(一) 课题来源

1. 从足球教学、训练实践、管理工作中选择课题

足球后备人才在长期的实践工作中会遇到大量难以解决的问题,如怎样有效评价足球运动员的技战术水平;怎样进行体能训练等。其中,大部分问题已被前人研究过,但随着时代的发展,研究者需要对反复出现的有价值的问题进行深入研究以满足日益增长的实践需要。

与足球教学、训练实践、管理工作密切相关的科研领域包括:足球教材的研究、足球教学的研究、足球的发展史与发展现状、足球科学训练的研究、足球运动员的选材研究、足球训练管理研究等。

2. 从大量文献中选择课题

文献资料是前人留下的科研结晶,不同研究者由于所处时代、科研条件有所差别,得出的研究结果不可能完全一样,对同一问题的研究可能存在缺陷,这些缺陷可作为新研究者的研究方向,在前人的基础上做更深入地探索。在查阅资料时,要重点关注最新研究动态,选择前沿的、有价值的研究方向,注意研究的创新性。

3. 从与同伴交流学习的过程中选择课题

足球运动发展迅速,一些理论已不适应现实中的实践活动。旧的理论体系亟待更新。广大足球后备人才需要具备敏锐的嗅觉,与同伴多进行沟通交流,对包括运动生理学、运动心理学等在内的各学科知识进行讨论,在不断地交流学习中发现问题、选择课题。

4. 从足球发展变革的过程中选择课题

我国在足球改革过程中借鉴了欧洲的有关模式,确定了俱乐部体制。但在实施过程中也产生了新的问题,如主场、客场对管理的要求模糊等,这些问题在一定程度上阻碍了我国足球的发展,急需解决。足球后备人才可在足球发展变革过程中从出现的关键问题中选择课题。

(二)选题原则

1. 价值性

选择的课题需要具备一定的社会价值,遵循价值性原则。其价值性主要体现在以下几个方面。

(1)课题内容有新意,涉及科研的前沿尖端项目。

(2)研究的设计具有创造性,对研究问题有新的见解,大胆创新突破。

(3)对足球运动实践具有很强的指导意义。

2. 可行性

可行性原则要求研究者选择的研究课题应该是自己能够胜任的,科研工作者需要充分考虑主客观条件,进行可行性研究。其可行性主要体现在以下几个方面。

(1)研究者本身具有相关领域的基础知识、掌握必备的科研方法。

(2)具有客观物质条件作为基础,如经费、相关仪器设备等。

(三)选题工作的基本程序

1. 提出研究问题

提出的问题可以是具体问题,也可以是大致研究方向。如"研究男足球运动员在比赛时的眼动变化"是研究的具体问题;而"研究足球运动员的心理活动"是研究的大致方向。

2. 查阅资料

根据文献资料,了解相关课题的现状、成果、发展方向,为确定选题寻找突破口。

3. 综合考量课题的可行性与价值性

从研究目的、对象、方法出发,综合考量课题的可行性与价值性。

4. 表述具体题目

用文字表述论文题目,确定选题。题目表述需要精炼,让人十分清楚研究问题与研究对象。

第四节　足球运动智能培养

亚足联原主席维拉潘在接受中国体育记者采访时曾说:"足球运动员不但要用脚去踢球,而且还要用'头脑'去踢球!"这里所说的"头脑"便是指运动智能,运动智能集中体现在临场的技战术运用上,运动智能训练应该是运动心理训练的核心和基础。①

一、运动智能概述

一些心理学家认为智能(又名智力)是以思维能力为核心的多种能力的综合,是完成某件活动必不可少的条件。

运动智能(又名运动智力)是人们在运动过程中掌握运动技能、表现技能所必须拥有的心理特征。其中,最重要的心理特征体现在认知因素上,认知因素涉及在体育活动中对运动信息的编码、加工、存储、提取、决策等过程,涉及人的感知觉、记忆、注意、思维等相关内容。运动智能作为智能的一个下位概念,已日渐成为衡量个人运动能力的有效指标。

足球运动员的运动智能一般通过球员在特定足球运动情境中的具体表现来衡量。在足球比赛过程中,运动员需要在极短的时间内对场上局势做出判断,合理规划自己的运动方向和轨迹,做出决策。此过程的实现不仅需要有高超的技战术能力、良好的身体素质、过硬的心理素质,更需要有超常的智力水平。其智能通常以感知觉为先导,以思维能力为核心,以想象能力做辅助。只有具备高水平的智能,才能把握住战机,

---

① 陈亚中.青少年足球科学训练探索[M].北京:北京体育大学出版社,2007.

对赛场上快速变化的形势作出及时准确的判断,采取调整和应变策略。

在足球训练中,运动智能训练是运动心理训练的重要内容。足球运动智能体现在球员的足球意识中。提高足球意识必须要把培养运动员的运动智能放在首位。运动智能训练是一项系统性的大工程,训练应该贯穿球员的运动生涯,在各年龄段开展足球运动智能训练。

根据心理学家、体育专家的相关研究发现,对于大部分足球球员,运动智能包括运动感知能力、运动记忆能力、运动注意能力、运动思维能力四方面内容。

二、运动感知能力

(一) 组成要素

运动感知能力通常包括运动知觉、运动时间和空间知觉等多方面内容。

1. 运动知觉

运动知觉反映了运动客体在时间、空间上的位移。运动知觉反应客体有两种类型。

(1)外界的运动客体,如运动的球、赛场上其他球员的运动等。此类反应属于客体运动知觉。

(2)运动者自身运动,如运动员奔跑、转体等一系列动作。此类反应属于本体运动知觉。

对于足球这种集体性质的对抗项目,在关注自身本体运动知觉的同时需要有客体运动知觉能力。如果忽视对运动员客体运动知觉能力的培养,就会导致球员在赛场上进行射门等动作时,不顾守门员和其他队友的站位,造成大量失误。如出现只顾自己做动作,将球传给了对方球员的情况。

运动知觉包括真实的和非真实的运动知觉。当客观运动(包含本体运动)与主观反应一致时,被称为真实运动知觉,相对于对外界客体运动的知觉,对本体运动的知觉更加困难,更容易出错。基于此原因,常见足球运动员犯规了还与裁判员争辩的情景。在实际的足球训练中,会遇到各种各样的非真实运动知觉,一般表现为客观物体未存在物理学上的位移移动而人在主观上知觉到了物体的运动。以诱导运动为例,静止的物体因为受到周围运动事物或相关信息的影响,使个体产生了运动错觉,以为静止的物体在运动。例如,两个球员,一个高个子一个矮个子,在足球场上以相同的速度奔跑,两人受到相互影响,以至于大多数人们认为矮个子跑得快而高个子跑得慢。

在参与体育运动活动中,运动错觉现象十分常见,运动错觉使运动员形成错误的假象,阻碍运动员的正常发挥。裁判员若缺乏对运动错觉现象的认识,往往会被错觉现象迷惑,发生错判、误判等。在足球比赛中,球员应该充分利用各种条件给对方制造运动错觉,能够在很大程度上帮助球队获得最终的胜利。

2. 运动时间知觉

时间知觉反映了人脑对不同现象、事件发生的前后顺序、持续的时间长短的推测。运动时间知觉反映了运动物体或动作变化的先后顺序、运动的持续时间。在足球运动项目中,运动时间知觉主要关注对客观时间关系的推测。例如,要想完成对点球的扑救,需要按照前后顺序进行助跑、起脚、击球等相关动作,根据自身经验,估计每个动作的持续时间。

运动时间知觉与视觉、听觉、触觉等紧密相关,其中,听觉、运动觉对形成运动时间知觉最为重要。

运动时间知觉包括以下两种类型。

(1)运动时间间隔知觉:人脑对客体或本体运动持续时间长短的判断。在足球运动中,运动员必须准确反映各种动作活动的时间关系,只有做到这一点,才能高质量完成足球技术动作。人的运动时间间隔知觉是有阈限值的,只有间隔时间高于千分之一秒,才可能形成时间间隔知觉,相反,若人体或客观物体的运动时间间隔过长,超过个人的知觉能力,也不可能形成时间间隔知觉。

教练员需要充分了解、探究运动时间间隔知觉的规律,根据不同的技战术动作特点,对球员实施有针对性的心理训练。

(2)运动时间节奏知觉:人脑对各种运动节奏的反映。节奏由某一具体的时间间隔组成。例如,每隔0.3秒出现一次动作,每个动作持续0.2秒。0.3秒就可被视为一个时间间隔,每两个动作之间有0.1秒的休息时间间隔。球员可以利用自己的时间节奏知觉练习运球,根据自身特点,有意识地改变自己的运动节奏。在足球比赛中,要想赢得比赛的胜利,打败对手,需要主导比赛的节奏。

3. 运动空间知觉

运动主体与客体之间的相互活动在一定的空间关系中进行。空间由事物大小、方向、距离等关系组成,作为事物存在的基本形态之一,在物体进行运动时,空间关系会不断发生变化。因此,准确认识复杂的运动空间关系,是做好技术动作必不可少的心理条件。

运动空间通过人体视觉、听觉、肤觉、平衡觉等分析器的活动反映运动的空间关系,运动空间知觉主要包括方位知觉、大小知觉、距离知觉、形状知觉等。

足球运动员十分重视对运动空间知觉的准确认识。运动员通过观察运动空间的方位、距离等,将各种关系形成了较为准确的知觉认识,从而选择运动方向,避免采取不恰当的行动。根据相关研究结果表明,在球场上,优秀足球运动员运动空间距离知觉判断的准确率是一般运动员的两倍。具有较高技战术水平的足球运动员通常有很好的运动空间知觉能力。

(二) 运动感知能力训练

通常采用变速运动训练提升足球运动员的运动感知能力。变速运动训练是脑适能训练的一种,充分利用信号输入~信息处理~动作反应这一关键原理,有效提高运动员的动作控制能力、对时间的感知和分辨能力。

三、运动记忆能力

(一) 运动记忆能力的概念

记忆是人脑对所经历过的事情的识记和再现。人脑可以回忆各种感知过的、思考过的事物,形成个体的独特记忆。记忆的产生、变化都有其规律。优秀运动员善于从比赛和日常训练中吸取经验,形成记忆,面对突发状况时根据自身经验做出反应,不断提高自身运动水平。

运动记忆是运动员在运动过程中获得经验、提取已有经验的过程。运动员的记忆能力表现在识记和再认各种阵型、技战术打法、不同运动员的技战术特点等,通过在赛前进行反复练习,以便在赛场上能够快速识别双方的战术选择,采取相应的行动。在现代的足球比赛中,进攻和防守战术都越发注重整体的配合,运动员需要有强大的运动记忆能力,贯彻和实施全队的攻防战术。与此同时,良好的运动记忆能力能帮助运动员掌握理论知识,丰富比赛经验,提升个人能力。

(二)运动记忆能力训练

运动员可以通过观看录像、进行实战模拟训练锻炼运动记忆能力。看完录像后在头脑中形成清晰的表象,并将表象存储在记忆中,教练员和队员可根据运动员表象回忆的清晰度,前后动作描述或模仿的精确度,判断运动员的运动记忆能力,并通过不断的练习提升其能力。

四、运动注意能力

(一)运动注意能力的概念

注意指心理活动指向或集中于一定对象。注意是一种常见的心理状态,是人从事各项活动的基础,不管是从事信息加工、认知活动还是进行体育运动都需要保持良好的注意力。运动员在比赛过程中,更是需要保持注意力高度集中,这对识别判断场上形势,充分实现技战术要求,准确完成技战术动作有十分重要的意义。

运动员在赛场上只有将注意力集中于目标活动,才能有效抑制无关信息的干扰,意识到运动条件、本体状态的变化,和队员完成技术动作和战术配合。注意具有三种特性,即注意的转移性、注意的分配性和注意的分散性。运动员在赛场上需要充分协调三种特性及特性间的相互关系。注意转移特性指球员将注意力转移到新的对象上,以适应场上的变化。注意分配特性指球员在同一时刻将注意力指向两个或两个以上的对象。注意的分配性与个人的注意广度有关,有的球员可同时注意多个对象,有的球员则显得很吃力。例如,球员在运球过程中注意同伴位置、对手位置、对方守门员位置的变化情况,只有这样才能有效控制场上的局势,寻找更多的射门机会。注意的分散性指运动员在训练或比赛中缺乏对注意对象或活动的指向、集中,这种注意状态应该尽量避免。

（二）运动注意能力训练

抛球计数训练是一种常见的运动注意训练。两人一组进行抛球计数训练，旨在提升运动注意能力。两人来回抛球计数，刚开始时可将球抛到双方易于接球的位置，后来可增加训练难度，将球抛到双方需要移动身体才能接住的位置，若想要继续增加训练难度，两人可分别拿一个球，选择不同的抛球时间将球抛向对方。当球落地时，两人同时报出抛球次数，只有当双方报出的数字相同时，才算通过抛球训练，可结束训练。

五、运动思维能力

（一）运动思维能力的概念

运动思维能力是运动智能的核心，间接地反映了运动客体、人体运动的本质关系，其过程包括分析与综合、比较与判断、抽象与概括等诸多基本过程。

足球运动需要理性参与，要想对足球运动有深刻的理解，球员必须具备良好的分析、综合、比较、归纳的能力，在赛场上保持清醒的头脑，充分发挥个人特点，取得比赛胜利。运动思维能力具有以下四种特性。

（1）思维的独立性。足球比赛中几乎没有接受场外指导的机会，运动员需要独自开展思维活动。在赛场上，可根据场上局势、对手惯用的技战术手段制定有针对性的应战计划，选出能够克服对手的方案。

（2）思维的可操作性。运动员在考虑对方技战术运用的同时，需要做出回应，选用合理的技战术进行应对。操作思维就是包括这两种过程的思维。有些球员在场下对比赛形式分析得头头是道，然而上场后就变得不知所措。这主要是由于球员在场下以逻辑分析思维为主，在场上则以操作思维为主，两种思维方式具有一定的差异性。

（3）思维的敏捷性。足球比赛攻防转换节奏快，战术多变，运动员需要具有敏捷的思维，在极短时间内做出战略决策，抓住先机与优势。由于技战术行动在很短的时间内完成，因此，思维过程往往不能被觉察，而在行动后才被意识到。

（4）思维的灵活性。灵活性主要体现在球员在赛场上根据实际情况不断修正战术方案，而不是机械死板地执行战术计划。只有具有灵活多变的思维,才能快速把握场上局势,有较强的随机应变能力。

战术运用中的思维活动体现在球员能快速判断场上变化,识破对方假动作,并用假动作迷惑对方,与对手斗智斗勇,不断切换所用战术,最终克敌制胜。通常,思维的灵活度越高,战术运用得越娴熟。

(二) 运动思维能力训练

足球运动中,要特别重视运动思维能力的培养,只有将知觉训练与思维训练有机结合,才能够最大限度发挥球员的技战术能力,提升技战术水平。

大量足球运动员,特别是青少年球员的思维活动以形象思维为主,球员必须在具有实战经验的基础上,才能进一步发展自身的操作思维。教练员可以采用以下练习训练球员的操作思维。

(1)常见的 2 对 2,5 对 5 对抗练习。教练员让球员们在一个广阔的空间中进行对抗练习,在掌握基本战术的情况下,充分发挥想象力和表现力,教练员在场边告知双方在攻守中出现的不合理行为。

(2)3 对 3 门前操作训练。在禁区前进行攻守练习,进攻方包括 3 名进攻球员,防守方包括两名防守球员和 1 名守门员。教练员需要要求进攻球员只能向前传球且相互间传球次数仅为一次,传球结束后触球便射门。此训练能够锻炼进攻球员们在门前一次触球的配合能力,提高在门前的操作思维能力。

(3)教练员将球员分成两队组织攻防练习,每队包括 5 名球员。允许进攻方从球门正面或背面发起进攻,规定每名球员只能触两次球。此练习旨在培养球员在进攻时的随机应变能力、发散思维能力。也能在一定程度上培养球员在防守时的方向感和位置感。

运动思维能力训练应增强实战感,将训练与实际比赛紧密结合,提高运动员的实战意识、心理控制能力。既可在比赛中对球员进行专门的思维能力训练,强调积极思维、战术变化等要求,也可让球员在赛后对比赛进行总结,回顾技战术运用和控球感觉。

第七章　足球运动技能训练与培养中的教育与监控

要想促进足球运动员运动技能及比赛水平的进一步提升,加强运动员的综合素养教育,对其整个训练过程进行监控是十分重要的。在这一良好的教育与监控体系下,足球运动员的各项素质都能获得不错的发展和提高,这对于我国足球后备人才队伍的建设具有非常重要的意义。

第一节　足球技能训练与培养中的行为教育

在足球运动员的技能培养与训练中,受各种因素的影响,运动员会呈现出不同的训练状态和行为,作为一名教练员,要全面把握运动员训练和比赛中的各种行为,加强其行为教育,促进其全面发展。

一般来说,足球运动员的行为教育法主要有以下几种,教练员可以结合运动员的具体情况进行有针对性的培养和教育。

一、正强化教育法

(一) 正强化法的概念

足球训练是一个长期的过程,在这一长期的训练过程中,运动员难免会感到一些枯燥和乏味,需要经受各种性质的刺激或产生一些需要。刺激物有些为人喜欢,有些则为人所厌恶。如果一种刺激是为人所喜好的,能满足运动员的需要,那它就可增加行为的出现率。这种刺激就被称为正强化物。在具体的足球训练中,教练员会经常运用这一方法来提升运动员训练的兴趣,促进训练质量的提升。

（二）正强化物及其选择

1. 正强化物

一般情况下，正强化物的分类因人而异，正强化物主要分为以下几大类。

（1）消费性强化物。主要指的是饮料、水果和食品等一次性消费品。

（2）活动性强化物。主要指的是看电视、电影及娱乐晚会等一些活动。

（3）操作性强化物。主要指的是提供给运动员一些玩的东西，如电子游戏机、扑克牌等。

（4）拥有性强化物。主要指的是在一段时间内运动员可拥有享受的东西，如新运动服、运动鞋、棒球帽、纪念章等。

（5）社会性强化物。这一类的强化物主要指的是运动员喜欢接受的语言刺激或身体刺激，如口头赞美，向运动员致意等，这些简单的行为动作都会对运动员形成一定的刺激。

2. 正强化物的选择

作为一名合格的教练员，一定要学会正强化物的选择，从而为提高运动员的训练水平奠定良好的基础。为选择出有效的强化物，教练员必须要事先做好充分的调查，充分了解运动员对各类强化物的喜欢程度，如此才能有的放矢，实现强化的目的。

（三）正强化法的合理运用

（1）在运用正强化法的过程中，运动员出现良好的行为后应立即予以强化，不要浪费过多的时间，否则强化的效果就会大打折扣。

（2）教练员要向运动员描述被强化的具体行为。如运动员顺利地完成了正脚背射门时，教练员就可以说"你这一脚射门真漂亮"，而不该说"你非常优秀"此类的话，这种话语并不能给运动员起到很好的正强化的作用。

（3）为了实现正强化的效果，教练员应时常更换所用的赞扬语句。赞扬的语句可以细致和具体一些，不要模棱两可，如"你脚法很好""你射门真有准头"等，都能起到不错的正强化的效果。

（4）教练员在运用正强化法时，要适当控制正强化物的使用数量，这样才能保证良好的正强化效果,促使运动员以积极的心态投入到训练之中。

二、惩罚教育法

(一) 惩罚教育法的概念

惩罚是指当行为者在一定情境或刺激下产生某一行为后,若即时使之承受厌恶刺激或撤除正在享用的正强化物,那么其以后在类似情境或刺激下,该行为的发生频率就会降低。[①]

长期的运动训练可以说是非常枯燥的,因此在训练的过程中,有一些性格比较偏激的运动员难免会产生一定的怨言,与教练员发生一些矛盾和冲突,当出现这一情况时,教练员就需要运用惩罚法来对运动员的不恰当行为进行必要的纠正。

一般情况下,惩罚教育法的运用只能部分减少或暂时抑制不良行为,并不能使运动员的不良行为完全消除,要想彻底地消除运动员的不良行为,还需要结合其他方法进行。

(二) 惩罚教育法的类型

1. 体罚

体罚是指随着运动员不良行为的出现,教练员及时施予一种厌恶刺激或者惩罚物,以收到阻止或消除其不良行为发生的功效。[②]厌恶刺激能对运动员起到一定的鞭策作用。教练员经常会采用惩罚运动员长时间站立、长时间跑步等手段。

2. 谴责

谴责是指当运动员出现一些不良行为时,及时给予强烈的否定的言语刺激或警告语句,以阻止或消除不良行为的出现。如对发生不良行为的运动员瞪眼睛就属于这样一种谴责手段。

---

① 于泉海,斯力格.青少年足球训练及教育指导 [M].沈阳:辽宁大学出版社,2009.
② 于泉海,斯力格.青少年足球训练及教育指导 [M].沈阳:辽宁大学出版社,2009.

3. 隔离

当运动员表现出某种不良行为时，即时撤除正在享用的正强化物以阻止或削弱运动员不良行为的再现，或把个体转移到正强化物较少的情境中，这种改变行为的策略称作隔离。隔离的主要目的在于减少运动员的各种不良行为，帮助运动员走上训练的正轨。

（三）惩罚教育法的合理运用

（1）尽最大可能地引导运动员进入所期望的良好行为情境，并强化这种行为，这样能很好地杜绝运动员的一些不良行为。

（2）尽量控制不良行为的情境出现。在长期的训练中，运动员一旦形成一些不良行为，要想彻底消除它是十分困难的。因此，在训练之初就要尽可能地消除或避免不良行为。

（3）所有的管理人员在执行惩罚时态度必须保持一致。在运动训练的某些时期，有时候教练员对运动员的不良行为做惩罚时，领队或其他人却暗中庇护或公开反对，这种不一致的态度和行为会给运动员带来不良影响。

（4）在惩罚运动员时，教练员必须要保持平静的心态，易激动是某些教练员在执行惩罚程序时常见的情绪。在这一不良情绪下，很可能不会取得预期的惩罚效果，如由于教练员情绪激动而给运动员造成严重的危害，因此这一做法是不可取的。

三、模仿教育法

（一）模仿教育法的概念

模仿是根据观察学习的原理，通过观察学习来增加并获得良好行为，减少和消除不良行为的一种行为纠正方法。在人们的日常生活、学习和工作中，人们的一些行为并不是通过具体的实践而获得的，通过一定的观察和学习，人们能产生一定的共鸣，从而发生行为的改变，这就是模仿教育。同样的，在运动训练中，运动员通过观察教练员或其他队员的训练也能促使自身的某些动作行为发生改变。

（二）模仿教育法的影响因素

（1）楷模的特性。可以说，楷模的特性对模仿效果的影响是非常大的。在竞技体育中，楷模指的是那些高水平的运动员，如知名的球星、著名的教练员等，他们的运动水平较高，执教能力很强，容易引起其他人员的模仿。

（2）运动员的特性。影响运动员模仿效果的因素有很多。其中，主要在于运动员本身的注意力、记忆力、运动动机和动作技能水平等几个方面。

（3）学习程序特征。明星运动员在取得优异的比赛成绩后，通常会获得丰厚的奖励，同时社会地位也会相应地得到提高，这些都会对运动员的模仿学习产生重要的影响，这一影响总体上来看是积极的。一般情况下，获得奖赏的楷模，常常比被惩罚的楷模更容易影响运动员的行为。因此说，利用不同的情境，安排多位楷模，比单一的楷模效果要好。

（三）模仿教育法的合理运用

（1）选择好要改变的行为。

第一，所确定的行为必须是可观察和测量的。这就需要教练员、领队及管理人员对那些较为模糊的行为，如刻苦训练行为、敬业的行为等制定出合理的评估标准。

第二，所确定的行为是年轻的运动员有能力模仿的，以避免过于困难而产生挫折感，这有利于运动员树立训练和比赛的自信心。

（2）模仿行为产生后要确保强化的效果。

第一，运动员在做出模仿之后都要立即给予必要的强化，这样能巩固运动员的一些模仿行为。

第二，采取各种措施与手段确保强化物具有一定的有效性。

第三，当运动员形成一些良好的模仿行为后不要放任不管，还要继续对其进行强化，以实现强化的效果。

第四，运动员出现不良行为后要给予适度的惩罚。

（3）教练员及管理人员要尽量确保自己不会出现一些不良行为，如打骂运动员、训练课上说脏话等。这些不良行为都会给运动员带来不好的影响，因此一定要杜绝。

第二节　足球技能训练与培养中的科学监控

一、足球训练课的组织

(一) 确定课堂任务

为提高运动员训练的积极性,除了采用各种创新的训练手段和方法外,还要制定灵活的课堂任务。一般情况下,每堂足球训练课的任务应至少有两个,教练员结合不同的任务组织训练活动。课堂训练任务一定要依据运动员的具体实际和训练情况而定。

(二) 安排训练内容、时间并确定组织形式

在足球训练课中,训练内容、训练时间及组织形式的确定都是非常重要的内容和组成部分,在具体的训练安排中,教练员应以本次训练课的任务和队员的技术能力、位置、实战需要等情况为依据来确定足球训练课的组织形式。一个科学合理的训练课组织形式对于教练员组织与管理训练活动具有非常重要的帮助,因此一定要重视组织形式的选择与利用。

(三) 准备场地器材

足球训练活动的开展,离不开必要的场地与器材,这是足球训练活动开展的重要基础和保障。教练员首先要对足球训练课的内容、手段与方法有一个全面充分的了解,然后以此为依据,做好场地画线、需用球门数、标志物、号码衣等器材品种、数量的准备与布置等准备工作,以保证足球训练活动的顺利开展。

(四) 安排运动负荷

在足球训练中,运动负荷的安排非常重要。运动负荷的确定要依据运动员的身体素质、运动能力等多方面进行,同时还要结合运动员体能恢复的需求来预计。在安排运动负荷时,应充分考虑全课的负荷量变化

曲线、平均负荷、大负荷高峰出现的次数和时间及持续时间、课中的调整与恢复，以及结束部分的放松和恢复等基本因素。运动负荷的安排要能适应运动员机体发展的规律和要求，不可过大也不可过小，总之运动负荷的安排要适当。

(五) 拟定测评计划

在足球训练课的组织与实施中，还要拟定必要的测评计划，这一计划的确定一定要合理，符合基本的运动训练情况。测评计划的内容主要包括以下几个方面：第一，对场地进行记录与统计；第二，检查训练课的时间、技术动作次数以及运动距离；第三，定性评价对抗活动的激烈程度与效果。在这样测评计划下，教练员能清晰地看到运动员的训练情况，从而更加有效地组织与管理训练活动。

二、足球不同训练阶段的安排

一般来说，足球各训练阶段的结构主要由准备性部分、指导性部分、实施性部分及控制性部分构成。这四个部分都非常重要，缺一不可，教练员一定要做好合理的安排。

(一) 准备性部分

准备性部分是足球训练活动的开始，这一部分的主要内容包括确定合理的训练目标和判断运动员的起始状态。这两项工作非常重要，在一定程度上影响着整个训练活动的成败。

训练目标的确定主要包括长远目标和短期目标两个部分。如多年训练目标、全年最高目标及阶段目标、相关比赛的目标等。无论是长远目标还是短期目标，在制定的过程中一定要确保合理性，具有较强的可行性。

运动员起始状态的诊断也是非常重要的准备部分，这一诊断主要是指运动员的专项成绩、机体机能、心理、素质、智力和思想等竞技能力指标在上一阶段的训练过程中的最高水平，以及训练计划完成情况和制定新的训练计划时的现实状态，建立新的训练目标需要以此为重要基础。

（二）指导性部分

总体而言,指导性部分属于运动训练计划全局性的整体决策。在这部分,首先是确定阶段的划分及各阶段的任务,再以训练总目标和国内外重大比赛的安排为依据来勾画训练过程的基本轮廓,继而以不同阶段的训练任务和比赛安排的特点为根据对负荷动态变化的基本趋势进行规划,从而部署和完成整个训练活动。这一部分对于整个训练活动的顺利进行起着至关重要的作用,因此一定要引起重视。

（三）实施性部分

实施性部分是足球训练活动的极为重要的部分,这一部分主要是教练员安排训练内容,并选择相应的训练方法和手段,在训练的过程中要注意各训练手段的负荷要求,运动负荷的安排要与运动员机体状态相适应,要有利于运动机体的恢复。

（四）控制性部分

训练与控制是分不开的,在现代运动训练理念下,对训练的控制问题日益重视。在这部分,首先要掌握反映足球运动训练实施情况的大量信息,这就需要有计划地进行检查评定和反馈,并及时而又准确地进行合理的诊断,从而为控制下一阶段的训练奠定良好的基础。

第三节　足球技能训练与培养中的安全保障

一、营养安全保障

（一）合理地补充营养

1.营养补充的意义

任何训练活动都会消耗人体一定的能量,因此进行营养补充是尤为必要的,进行一定的营养补充能满足机体对各种营养素的需求。其意义具体体现在以下几个方面。

（1）增强人体运动能力

①补充能量物质

运动员长期参加足球运动训练，身体难免会出现一定的疲劳现象，其主要原因在于体内水、无机盐以及矿物质等各种营养素的流失，因此及时补充营养素物质是尤为重要的。通过补充各种营养素，人体疲劳状况才能得到缓解，才能顺利地参加足球运动训练。

②储备后续能量

足球运动员后备人才在参加训练的过程中，机体会消耗大量的能量，如果不及时补充丢失的能量，就不利于运动训练的顺利进行，甚至还会导致运动损伤，影响人体健康。另外，通过营养的补充，还能为接下来的活动储备必要的能量，保证各项训练活动的顺利进行。

③提高身体免疫能力

大量的实践表明，运动员在机体缺乏能量的条件下参加运动训练，其运动机体的免疫力就会大大降低，如果不及时地补充营养物质，机体的内分泌和免疫系统等就会受到极大的破坏，因此营养补充还具有重要的提高人体免疫力的作用。

④加速恢复体能

长时间参加运动锻炼后，进行营养物质的补充是十分重要的，在这样的情况下，人体中的有机物质就可以快速合成，满足机体的需要。运动员在机体得到恢复后才可以进行下一阶段的训练。

（2）补充营养损失

伴随着运动训练的持续进行，人体的新陈代谢速度会进一步加快，营养物质也会被消耗殆尽，因此及时地补充流失掉的营养物质就显得至关重要。

需要注意的是，营养物质的补充一定要合理和有效。在各种营养素的补充中，维生素的补充至关重要，在补充时，需要注意，补充的量既不能过多也不能过少，只有保持一个合理的范围才能有利于运动机体的消化和吸收，从而为运动训练奠定良好的基础。

2. 人体所需的营养素

无论是参加运动训练还是日常的生活与学习，人体都需要各种营养素的摄入，如此才能满足运动机体的需求。运动员在参加足球运动训练的过程中,一定要注意营养摄取的全面性,不全面的营养摄入会影响身体的健康发育,不利于运动锻炼的顺利进行。

运动员参加足球训练的过程中,重点注意以下几种营养素的补充。

（1）水

水可以说是维持人体生命活动的重要物质,人体的生命活动离不开水的参与。在人体各种营养素中,水的含量是最多的,约占人体体重约2/3,由此可见水占据着十分重要的地位。水的缺乏会导致人体各种生理功能受限,不利于人体的健康发展。水对于人体的主要作用在于参与人体代谢过程、促进腺体分泌正常以及调节体温,另外还有其他方面的作用,在此不做赘述。

人体的水主要来自摄入的食物和饮料。对于一个正常的成年人来说,每天基本的水摄入量为2 000～2 500毫升。对于经常参加足球训练的运动员而言,一定要注意水分的摄入,以维持机体的需要。

（2）糖类

糖类主要有单糖、双糖和多糖之分。其中,单糖主要有葡萄糖和半乳糖,双糖有乳糖、蔗糖和麦芽糖,多糖则有淀粉、糖原和果胶。

总体来看,糖类的功能主要体现在以下几个方面。

第一,糖类是一种重要的维持机体正常运转的能量供应物质。

第二,糖类易于被人体所吸收和利用,为人体提供重要的能量。

第三,糖类是构成人体细胞和神经的重要物质,在人体各类营养素中占据着十分重要的地位。

人们在平时的生活中可以通过各种食物来获取糖类,如米、面、水果、牛奶等,日常的饮食一般都能满足机体对糖的需求。

（3）脂肪

脂肪是人体所必需的重要营养素,这一营养素主要由碳、氢和氧等元素构成。脂肪的功能主要体现在以下几个方面。

第一,脂肪能帮助人们更好地维持正常的体温。

第二,脂肪能很好地保护人体内脏器官不受破坏。

第三,脂肪是构成人体细胞的重要成分。

我们平时常见的肉类、蛋黄、花生等食物中都含有大量的脂肪,日常的饮食一般就能满足机体对脂肪的需求。

（4）蛋白质

蛋白质主要由氧、碳、氢和氮等元素构成,它有完全蛋白质、不完全蛋白质和半完全蛋白质之分。蛋白质对人体的营养功能主要包括以下几个方面。

第一,蛋白质是构成人体细胞的重要物质。

第二,蛋白质能在一定程度上修复人体受损的细胞。

第三,蛋白质能为人体提供所必需的能量。

第四,蛋白质能产生抗体,使人体产生极大的抵抗力。

人们可以从蛋、豆、肉等食物中获取足量的蛋白质,一般都能维持人们日常生活和运动锻炼的需要。

（5）矿物质

矿物质主要包括常量元素和微量元素两种。其中常量元素主要有钙、钠、磷、镁、氯、钾等,微量元素主要有铁、锌、碘、铜、硒等。虽然矿物质在人体中的含量并不高,但也是不可或缺的,缺少了任何一种微量元素,人体健康都会受到一定的影响。

总体而言,矿物质具有以下几个重要的营养功能。

第一,矿物质是构成人体组织的重要成分。

第二,矿物质能在一定程度上维持人体的酸碱平衡。

第三,矿物质是一种重要的辅助物质。

在我们平时经常食用的各类食物中都含有大量的矿物质,如乳制品中含有大量的钙;动物内脏中含有大量的铁和锌。一般情况下,日常饮食就能满足机体对各种矿物质的需求。

（6）维生素

维生素也是人体所需的一种重要营养素。根据维生素的可溶性可将其分为水溶性维生素和脂溶性维生素两大类。水溶性维生素主要有维生素 C 族和维生素 B 族等,脂溶性维生素主要包括维生素 A、维生素 D、维生素 E 和维生素 K 等几类。具体而言,各类维生素的营养功能如下所述。

维生素 A:健齿、健骨、促进人体对营养物质的消化等作用。

维生素 B_1:促进能量代谢及糖代谢生成 ATP 等作用。

维生素 B_2:预防脚气病以及缓解口腔溃疡等作用。

维生素 C:抗氧化、缓解机体疲劳等作用。

我们平时所食用的蔬菜、水果中等都含有大量的维生素,食用大量的蔬菜和水果通常能获得足量的维生素,以满足机体所需。

3.足球训练中的营养补充

（1）水

运动员参加长时间的运动训练,机体难免会消耗大量的水分,如果不及时补充水分,机体就会因为缺水而丧失运动能力,因此及时补充水分是十分重要的。在水的补充方面人们普遍存在一个误区,即认为只有当感到口渴的时候才需要补水。实际上,一旦人体感到口渴的时候,就代表其身体已经丢失了 3% 的水,此时的机体就处于轻度脱水的状态之中。身体脱水会给人们带来很多生理上的阻碍,不仅如此还会严重影响人体的运动能力。由此可见,运动中及时补充水分非常重要。

①运动前补水

运动前补水的主要目的在于预防人体出现脱水现象。一般情况下,运动前的补水应以少量多次为原则,在运动开始前 2 小时补充 0.4 ~ 0.6 升的水,运动员在运动前也可以选择一些运动型饮料进行补水,也能取得不错的补水效果。

②运动中补水

运动员进行长时间的运动训练,机体会大量的排汗,在这样的情况下,水分会大量丢失,此时补水能维持体内水的含量,保证机体所需。一般情况下,运动中的补水量以排汗量为依据确定,运动中补水的总量要在失水量的 50% ~ 70%,可以选择合适的运动型功能饮料补水。

③运动后补水

运动后的补水也同样重要,这一方面经常会受到人们的忽略。运动后补水这一形式能在一定程度上补充身体欠缺的那部分的水,从而使运动机体获得充足的能量。运动后所补的水应是有一定含糖量的饮料,这能有效地恢复运动机体的血容量,同时要尽可能地避免补充碳酸饮料。需要注意的是,运动后补水并不是越多越好,补充的水分要适当,以满足机体的需求为准,过多的补水反而会给人体肾脏带来负担,危害人体健康。

（2）能量

运动员长时间地参加运动训练会消耗机体内大量的能量,如果不能及时地补充丢失的能量,就难以保证运动锻炼的顺利进行,甚至还有可能危害人体健康。所以说,补充能量也是非常重要的,要引起重视。

一般来说,可以多补充脂肪和糖含量较多的食物,通常都能满足机体参加运动的需要。

需要注意的是,脂肪的补充不要过量,否则就会影响运动机体对蛋白质和铁等营养的吸收,且脂肪在摄入后会相对更长时间停留在胃中,造成对运动的负担,这一方面一定要引起重视。

补充糖类。这是因为如果运动机体中的肌糖原水平较低,就会影响运动员正常的运动训练,并且容易在运动中发生疲劳现象且不易恢复。一般来说,补糖的方式要根据运动程度而定,如果进行的是短时间运动,则不需要额外补糖;如果是大强度的运动训练,则需要额外补糖。补糖要分为运动前、中、后三个阶段。运动前补糖要在开始前 2 小时以及 15 分钟时分别进行;运动中补糖可在轮换休息或暂停时进行,以此保证机体在运动中的能量供应;运动后补糖应在运动后立即进行,如此才能取得理想的补充效果。

（3）蛋白质

蛋白质的补充也是十分重要的。补充蛋白质需要注意以下几点。

①足球运动训练的初始阶段,要适当地增加蛋白质。这是因为此阶段中运动机体会出现更多细胞损伤的情况,此时补充蛋白质有助于对受损细胞的快速修复。

②在运动训练的过程中,运动员要依据运动的强度和频率适当地补充蛋白质。不同的运动强度和运动频率对体内的蛋白质消耗有着不同的程度,此时对蛋白质的补充要与运动强度和频率成正比。

③当不能及时补充热量以及糖原储备不足时,应适当增加蛋白质的补充量。

需要注意的是,蛋白质的补充要能维持体内蛋白质的"正平衡"状态,即补充的蛋白质量多于消耗的蛋白质量。除此之外,蛋白质的补充量还要以体力活动的强度为依据进行适量增减。例如,当进行力量、耐力等强度较大的锻炼时,对其蛋白质的补充应达到每日总能量摄入的15% ~ 18%,如果是强度稍小的其他形式的训练,则补充量应达到每日总能量摄入的 14% ~ 16%。总之,蛋白质的补充要依据运动员的具体实际而定,不能盲目进行。

（4）维生素

维生素这一营养素的补充也是十分重要的。人体内所需的维生素需要通过食物的摄入来获得。经常参加足球运动训练的运动员更应该注重维生素的补充,维生素的补充要及时、全面和适量,有利于机体顺利参加运动训练和比赛。在具体的补充时,要依据运动员的个人实际进行,补充要具有针对性。

(二)科学膳食

1.保持膳食平衡

(1)膳食平衡的原则

运动员参加足球训练会消耗人体大量的能量,因此加强运动中的营养补充是十分重要的,在平时的生活与训练中,运动员一定要保持膳食平衡,这样才能为机体提供必要的营养。

膳食平衡是指人们所摄取的营养物质要丰富、比例合理,可满足机体运转所需的良好状态。要保证足球训练活动的顺利进行,运动员就必须要使自己的膳食营养维持一个相对平衡状态,不能出现紊乱的局面。如果出现膳食不平衡的状况,运动员身体各项功能的运转就会受到严重的影响,不利于身心各项素质的发展。

因此,运动员在运动训练的过程中一定要遵循膳食平衡的基本原则,具体而言主要包括以下几个方面。

①全面性原则

全面性原则要求运动员在平时的饮食中一定要选择合适的食物,注意食物的全面性,不能仅仅选择一种食物,选择的食物要包含水、糖、脂肪、蛋白质、维生素和矿物质等多种营养素,要避免出现挑食、偏食等行为。以上这些营养素对于运动员参加足球运动训练都是十分重要的,一定要引起重视。

②平衡性原则

在日常运动训练中,运动员一定要注意保持膳食平衡,一般情况下,每日膳食要保持营养消耗量与输入量基本一致,并且营养摄入的比例要符合机体需求,营养摄入要适当,不能过多也不能过少,否则就不利于运动训练的顺利进行。

③适当性原则

适当性也是膳食平衡的一个重要原则。适当性原则,是指摄入人体内的营养物质之间的比例要适当,不能过多或过少。对于人体来说,其对每种营养物质的需求量不同,如对水和糖的需求量就较多,而对维生素和矿物质的需求量就相当少。为此,运动员在摄取食物时就要注意荤素搭配,以满足机体对各种营养素的需求。如果基于身体原因导致的机体对某些营养素的吸收有障碍,则可适当补充一些营养品,但是最好是从平时的膳食中去获取,这样才不会给机体带来副作用和不良影响。

（2）膳食平衡注意事项

①保持营养素和热量的平衡

膳食平衡主要指的是营养素的摄入要均衡,能满足机体的各种需求。我国营养学会还特意制定了符合我国国民习惯和特点的每日营养摄入标准。运动员在参加运动训练时,营养的摄入一定要充足,同时还要根据自身的具体情况合理地调整营养素的摄入,使营养的获取达到一个平衡的状态。运动员参加足球运动训练,运动量一般都比较大,因此补充充足的营养是非常重要的。在各种营养素的摄取中,糖、蛋白质、脂肪等"热量营养素"尤为重要,一定要进行合理的补充。

②保持酸碱的平衡

每一名运动员都是不同的,其身体素质都存在着一定的差异,不同人体的酸碱度是不同的,通常情况下,这些酸碱度保持在一个平衡的状态,如果膳食搭配不佳就有可能打乱这一平衡状态,导致人体酸碱失衡,这对于人体的健康是十分不利的。运动员长期参加运动训练,身体会产生过多的酸性代谢物,这些代谢物对人体的健康有一定的危害,会给人体带来一定的疲劳感,容易致使人体出现疲劳现象,甚至可能引发运动损伤。因此补充一定的碱性食物是十分有必要的。

2. 合理的膳食营养

（1）膳食的合理构成

中国营养学会制定了一个合理的膳食结构。这一膳食结构主要包括以下几个方面的内容。

①日常膳食要讲究多样化,最好以谷类为主。据相关调查发现,我国国民在日常生活中最常摄入的食物有谷类、薯类、蔬菜水果、肉类、豆类及其制品和纯热能食物等类型。不同类型的食物都有着不同的营养成分,因此一定要注意营养补充的全面性和多样性。

②运动员在参加运动训练的过程中,一定要注意保持食量与运动量的平衡,依据运动强度来决定进食的量,进食量要与运动量成正比关系。

③运动员在平时的生活和训练中要多吃蔬菜、水果和薯类,建立和形成一个合理的膳食结构。肉类食物含有众多的蛋白质与脂肪,但人体所需的众多维生素和矿物质则主要包含在蔬菜、水果和薯类食物之中,且这类食物中往往还包含大量的水,有着很高的营养价值,及时补充是十分有必要的。

④膳食营养中,肉类的补充是十分重要的,在补充肉类食物时,要注意"白肉"与"红肉"的搭配。"白肉"主要是指鱼、鸡、鸭等各种肉类,"红肉"则指猪、牛、羊等肉类,这些肉类都能提供给人体必要的能量,满足人体参加运动的需求。

⑤乳制品、豆制品等食物中富含蛋白质和维生素,平时的食物摄取中一般都能满足运动员机体的需求。

⑥过量的盐摄入对于人体健康是不利的,因此盐的摄取一定要适量。一般来说,每人每日摄入的盐应低于6克。这一点需要引起高度重视。

(2)"4+1营养金字塔"

膳食平衡的"4+1营养金字塔"是一个十分重要的营养膳食理念,运动员无论是在平时的生活中还是运动训练中都要严格贯彻这一理念。

①第一层为粮豆类食物,粮豆类作为我国民众主食的重要选择,是每日摄入最多的食物。一般情况下,青少年每日应摄入粮豆类食物400～500克,其中粮食与豆类的搭配比为10:1。

②第二层为蔬菜类和水果类。蔬菜和水果的营养价值自不必多说,其所在金字塔中的位置也决定了每日摄入量仅次于粮豆类食物。青少年每日应摄入蔬菜和水果300～400克,其中蔬菜与水果的搭配比为8:1。

③第三层为奶和乳制品。各种奶类以及乳制品中含有大量的优质蛋白和钙。青少年每日应摄入奶和乳制品200～300克。

④第四层为肉类食物。肉类中含有丰富的蛋白质、脂肪、维生素B族和多种矿物质,这些营养素都是正处于生长发育期的青少年所不能缺少的。青少年每日应摄入肉类100～200克。

⑤第五层主要为盐,对于我国民众而言,在平时的膳食中摄入的钠是比较多的,这对于身体健康不利,因此盐的补充一定要适当和合理。

综上所述,一、二层的食物为人体提供了高达65%的碳水化合物;三、四层的食物为人体提供了25%的脂肪和10%的蛋白质。运动员在参加运动训练的过程中,要依据自身具体实际合理地补充各种能量和营养素,以维持机体运动的需要。

二、运动康复保障

(一) 促进运动疲劳的恢复

1. 运动疲劳产生的机制

（1）能源耗竭

运动员在参加运动训练的过程中,机体内的能源物质代谢分解为人体提供所需的能量,如果运动员在训练期间没有饮食,体内的营养物质就会慢慢地消耗殆尽,在这样的情况下,机体就会启动自我保护机制,如果再持续运动可能导致体内能源物质的耗竭从而有生命危险,因此机体会有疲劳的感觉,由此可见及时补充营养是十分重要的。

（2）内环境失调

运动员长时间地参加足球运动训练,体内的能源物质消耗就会增大、变快,HL 值升高,血 pH 值下降,体内的无机盐、水分减少,维生素含量不断下降,这就会导致机体的内环境发生变化,影响机体的正常活动,运动能力也会随之下降,严重情况下还可能会发生运动损伤,危害身体健康。

（3）代谢物堆积

人体在运动的过程中,随着运动负荷的增加,机体内大量分解并消耗肌糖原,ATP 和 CP 大量消耗,并在肌肉中堆积了大量的乳酸,乳酸大量堆积会影响体内的正常代谢,会出现失代偿性酸中毒,致使 ATP 合成量减少,使肌肉有酸痛感、运动能力下降。如果继续参加运动,就容易导致运动疲劳,运动员在参加运动训练的过程中一定要注意这一机制,注重机体疲劳的恢复。

（4）心理因素

由于运动员在身体素质、运动能力、个性特点等方面都是不同的,因此其在运动的过程中发生运动疲劳的早晚、程度也是不同的。

下面重点分析心理因素对运动员运动疲劳的影响。

①个性

如果运动员选择了与自我个性不符的运动内容,就容易引发运动疲劳,因此在具体的足球运动训练中,为保证运动训练的效果,教练员一定要采取必要的手段和措施激发运动员训练的兴趣,提高运动员参与训练的积极主动性,从而促进运动训练水平的提高。

②情绪

运动员在情绪低落的状态下参加运动训练,就容易导致动作僵硬和不连贯,久而久之就容易发生心理疲劳的现象。因此,教练员一定要采取各种手段与方法激发运动员积极的情绪,以积极饱满的热情投入到运动训练之中。

③注意力

运动员在参加运动训练的过程中,如果注意力不集中或注意力稳定性较差,也容易导致心理疲劳的发生。因此在参加足球训练的过程中一定要保持高度的注意力。

2. 延缓运动性疲劳的途径

运动员在参加运动训练的过程中,难免会发生一定的运动疲劳现象,运动疲劳的发生要越晚越好,而要想延缓疲劳的发生就需要采取针对性的手段与措施。

(1)使发展的供能能力与运动项目相适应

不同的运动项目其供能系统的特点存在着一定的区别,运动员一定要充分了解足球这一运动项目的特点,并与自己的训练需求相结合,从而延缓运动性疲劳的时间。

(2)保证饮食的全面性和合理性

不论是在日常生活中,还是参加运动训练期间,运动员都要重视饮食营养的合理安排,并维持良好的体能状态,这样能有效延缓运动疲劳发生的时间。

(3)加强意志品质锻炼,提高心理素质水平

运动员在参加足球训练的过程中,难免会面临一些困难,或运动基础较差,或技术动作不规范,当出现这一情况时,意志品质就会在其中起到重要的作用,具备良好的精神意志品质对于延缓疲劳的发生具有重要的帮助。

3. 运动疲劳恢复的方法

(1)劳逸结合

根据运动疲劳的机制和原理,运动员在足球训练的过程中一定要注意劳逸结合,大量的实践与事实表明,劳逸结合的锻炼方式能有效消除运动中的运动性疲劳,有利于运动员运动训练的顺利进行。

第一,通过增加睡眠时间,提高睡眠质量来消除运动性疲劳。

第二,运动前做好充分的准备活动,运动后做好整理活动,这样能有效预防和消除运动疲劳。

第三,运动员在结束运动训练后,不要立刻静止不动,要采用积极休息的方法逐渐从运动状态过渡到静止状态,可以采用放松走、变换活动部位等方式进行。这非常有利于运动员机体的恢复。

（2）心理调节

根据运动心理学理论,通过一定的心理干预可对大脑皮层调节和消除机体疲劳。心理调节可在宜人的环境中进行,要注意室内或室外的温度、光线、声音、空间、空气等应令人舒适,可以采用以下手段。

第一,充分的表象和冥想,树立参加运动训练的自信心,激发运动训练的兴趣和热情。

第二,自我积极暗示,语言暗示与鼓励的方式能提升人的自信心。

（3）音乐疗法

音乐疗法是通过音乐作用于个体心理进而引起生理上的变化来消除个体运动健身疲劳的方法,是一种有效的心理干预方法。

除了上述几种消除运动疲劳的方法之外,还有其他一些能有效消除疲劳的手段,如沐浴、按摩、补充营养等。运动员可以结合自身的特点和需要合理进行选择。

（二）运动损伤的预防与治疗

1.运动损伤的预防

（1）预防运动损伤的意义

运动员发生运动损伤的原因是多方面的,其中运动基础较差、准备活动不足等是常见的因素。运动员参加任何形式的运动训练都可能会发生一定的运动损伤,这是正常的,因为任何运动都会存在一定的风险性,要想完全避免是不可能的。但需要注意的是,我们可以通过各种手段和措施预防运动损伤,将运动损伤发生的概率降到最低。如果不事先采取积极的预防措施,就容易导致运动损伤。由此可见,加强运动损伤的预防是十分重要的。

在运动训练中加强运动员的运动安全教育也是十分有必要的,让运动员充分认识到预防运动损伤的重要性有利于其更好地参加运动训练。

（2）运动损伤预防的原则

①提升指导者意识原则

运动员参加足球训练需要教练员的指导,如此才能保证运动训练的科学性和有效性。在运动训练中,运动员一定要注意提升自己预防运动损伤的意识,加强预防运动损伤的教育工作,让运动员充分意识到预防运动损伤的重要性。除此之外,还要加强运动员防护技能的培养,提高其运动防护能力和水平。

②合理负荷原则

运动员参加足球训练要注意安排合理的运动负荷,如果运动负荷不当就容易导致运动损伤。一个合理的运动负荷能极大地降低运动损伤发生的概率,确保运动员运动中的安全。但是,运动员要想更好地提升自身的运动技能水平,适当地增加运动负荷还是有必要的,这有助于运动员训练水平的提升。

③全面加强原则

全面加强主要是指促进运动员身体素质的发展。要想获得理想的运动水平,运动员就需要具备良好的身体素质,良好的身体素质是运动员提高运动技能,杜绝运动损伤的重要基础和保障。因此,在平时的训练中要加强运动员身体素质的培养和提高。

④严格医务监督原则

为有效预防运动损伤,还需要加强医务监督。必要的医务监督有助于运动员及时发现身体不适等状况,实现早发现、早处理的目的。除此之外,还要定期或不定期地检查各种硬件设施,排除安全隐患,保证运动安全。

⑤自我保护原则

运动员在参加足球训练的过程中还要注意自我保护,严格遵循自我保护的基本原则,努力提升自我保护意识,做好必要的自我保护动作,提升自我防护能力。

（3）运动损伤预防的措施

运动员参加足球运动训练通常都带有一定的风险性,因此采取必要的预防措施是非常重要的,这样能有效降低运动损伤发生的概率。

具体而言,运动员在参加运动训练时可以采取以下预防损伤的措施和手段。

①加强力量素质的锻炼

力量素质在人体各项体能素质中占据着十分重要的地位。因为力量是其他各项素质的重要基础。运动员在参加体育活动的过程中就能展现出强大的爆发力与协调力,这对于运动损伤的预防具有非常大的帮助。如身体对抗中的两名运动员,身体力量占优的一方发生损伤的概率要相对低一些。由此可见加强力量素质训练的重要性。

②加强体格检查

在平时的足球运动训练中,教练员还要加强运动员的体格检查,这有助于教练员和运动员充分了解自己的身体发展状况,从而制定出科学合理的活动方案,保证训练的科学性。

③加强自我保护

在具体的运动训练中,运动员要根据足球这一项目的特点学会自我保护的方法,在运动过程中加强自我保护,这样能有效预防运动损伤。

④维护良好的运动环境

运动员参加足球运动训练要在一个良好的场地环境下进行,这对于运动员预防运动损伤也具有重要的意义。因此,在平时的足球训练中,还要密切关注体育场馆和设备的卫生及其他环境问题,加强运动器材的维护和整修,这有利于运动员的运动安全。

2.运动损伤的治疗

（1）擦伤

运动员在参加足球训练的过程中,如果技术动作不规范,就容易导致擦伤的现象。擦伤的程度不同所采用的处理方法也存在着一定的差别。

①如果擦伤的程度较轻、较小,可以先冲洗受伤部位,用到的主要是生理盐水,然后将利于伤口愈合的药水涂于干净的伤部,可以是红药水,也可以是紫药水,如果擦伤的症状比较轻,就不需要进行包扎了,痊愈期在一周左右。如果是面部擦伤,那么就需要涂抹0.1%新洁尔溶液。

②如果擦伤程度较为严重,就需要用碘酒或者酒精对伤口的周围进行消毒使伤口被污染的情况得到避免,如果伤口上有一些不干净的异物,就需要用棉球蘸着生理盐水轻轻刷洗干净,与此同时,要对伤口进行消毒,然后涂上云南白药或者纯三七粉,再用凡士林纱布覆盖伤口,可以根据具体的情况进行相应的包扎。

③如果擦伤发生在关节周围,就需要做清洗、消毒工作,然后用磺胺软膏或青霉素软膏等涂敷。

（2）拉伤

拉伤一般情况下是人体肌肉过度收缩或拉长导致,运动员在参加足球训练的过程中,常因准备活动不充分、动作用力过猛等而出现肌肉或韧带拉伤的情况。

①对于一般的拉伤,应立即采用氯乙烷镇痛喷雾剂等进行局部冷敷,加压包扎,为了减轻伤者的疼痛感,还要把患肢放在使受伤肌肉松弛的位置。

②对于肌纤维轻度拉伤及肌肉痉挛者,可以采用针刺疗法。

③对于肌肉、肌腱部分或者完全断裂者,可以采用局部加压包扎,固定患肢的方法,在进行简单的处理后立即送医院进行诊治。

④运动员发生拉伤后,如果按摩需要在 48 小时后进行,另外要注意按摩的手法,一定要轻缓,不要过重。

（3）撕裂伤

撕裂伤也有轻重之分,要根据实际情况选择合适的处理方法。

①对于症状较轻的患者,首先要做一定的消毒处理,然后用相关药物进行止血,接着用消毒纱布覆盖伤部,适当进行加压包扎。

②上述处理工作完成后,如果还有出血的情况,那么就要进行绑缚了,具体的位置在靠近伤口处,用到的工具为止血带,立即送医院进行专业诊治。

③对于损伤严重的患者,需要立即送医院,以保证清创缝合手术的及时进行,同时,还要预防感染,注射破伤风抗霉素。

（4）挫伤

运动员在参加足球训练的过程中,如果准备活动不足或技术不规范就有可能导致挫伤,挫伤发生的部位不同要采取不同的处理方法。

①对于挫伤较重者,伤后要立即局部冷敷、外敷新伤药,并且适当加压包扎,并抬高患肢,缓解肿胀情况。

②对于严重挫伤者,一定要考虑到一些并发的伤情,比如,肌纤维的损伤或者断裂,因组织内出血所导致的血肿等,对伤者进行简单的处理后立即送往医院诊治。

（5）膝关节半月板损伤

运动员在参加足球训练的过程中,如果膝关节屈曲,小腿固定于外展、外旋位,大腿突然内收、内旋并伸直膝关节时,就可能引起膝关节内侧半月板损伤。此外,膝关节突然猛力过伸及腘肌腱的前后割裂,也是导致半月板前角损伤或半月板边缘分离的一个重要原因。

膝关节半月板损伤发生之后,运动员往往会出现压迫性疼痛、疼症等症状。可动区域受到限制,膝关节不能伸屈等。

基本处理措施:如果运动员是急性膝关节半月板损伤,则应该采用制动、消肿止痛的冷敷方法,如果伤情较为严重,那就需要对受伤的运动员进行加压包扎 2 ~ 3 周;如果运动员的损伤是慢性的,那么就要求严格避免重复受伤动作,从而使其再次受伤的情况得到避免。

另外,还可以采取其他方法来促进运动员膝关节半月板损伤的恢复,比如,中药外治法(苦酒铁末、跌打损伤活血丹)、按摩疗法(按压太溪、解溪穴,按压风市、冲门穴)以及运动恢复治疗方法(绑缚绷带做积极性运动恢复练习)等。

(6)踝关节扭伤的处理

扭伤是一种间接外力所致的闭合性损伤。尽管踝部损伤的发病率并不算太高,但是,其中的踝关节外侧韧带(新鲜)损伤是非常突出的,导致足球后备人才这一损伤产生的主要原因是:运动员跳起落地时踩在别人脚上,或身体失去平衡、被踩等。

损伤发生之后,受伤的运动员的踝关节会出现外侧疼痛,局部肿胀,皮下淤血,有明确的压痛点,不能立即行走等症状。

基本处理措施:对于损伤的运动员立即进行冷敷,同时,用绷带加压包扎,在 24 小时以后可以做一些轻度的活动,在踝关节扭伤 24 小时以后,根据伤情可选用外敷中药、针灸、按摩、药物痛点注射及支持带固定等方法治疗。

如果运动员是轻度扭伤,则基本处理之后即可;如果损伤严重,所有支撑韧带都被撕裂,就可能使关节变形,要紧急送往医院进行专业治疗。另外,中药外治法、按摩疗法(活血散淤、消除肿胀;点穴;松筋)以及轻度的运动恢复疗法都是可以作为辅助处理措施加以采用的。

第八章　足球后备人才培养质量的优化与提升

足球后备人才培养质量受到诸多方面因素的影响,如校园足球发展、人才培养模式、人才培养目标市场的运行以及人才培养的管理等。为有效提高足球后备人才培养质量,促进足球后备人才的全面发展,为国家输送优秀的足球运动员,有必要从主要影响因素着手而研究科学有效的策略,本章基于此提出加快发展校园足球、科学构建足球后备人才培养模式、完善足球后备人才培养的市场运行机制以及重视足球后备人才培养质量的全面管理等策略,并对具体优化对策展开了详细研究。

第一节　加快发展校园足球

一、转变校园足球发展理念

发展校园足球,首先要树立正确的发展理念,摒弃落后的、错误的发展理念,矫正传统畸形的价值取向,在"以人为本"核心思想的指引下开展关于校园足球的各项工作。

转变校园足球发展理念,具体要遵循下列几个价值取向。

(一) 素质教育

开展校园足球活动,培养足球后备人才,要回归教育本位,真正在教育体系内展开相关工作,这是素质教育的要求,也是推动素质教育发展和校园足球发展的必然选择。政府应高度重视校园足球的发展,对相关硬件设施予以配置和完善,加快修建校园足球场地,使基础设施资源的供给与需求保持平衡,并在基础教育的层面强调足球教育的重要性。在校园足球发展成果和活动成绩的评价中,突破传统评价体系中"唯分数论"的局限与弊端,增加具有弹性化的评价指标,并在测试项目上给予学生一定的自主选择权,此外评价主体、评价层次也要体现出多元化,避免单一评价带来的弊端和造成评价结果不真实的现象。

(二)普适教育

普适教育也是发展校园足球应遵循的一个重要价值取向,它与过分强调学生足球竞技水平的竞技化教育是相对的。校园足球在校园开展,还是要回归到教育的本质上,要从教育层面培养足球后备人才的文化素质和技能素质,不要一味强调学生要取得很好的比赛成绩,切忌按培养竞技足球运动员的标准去要求学生。

既然是教育,就要注重对学生综合素质的培养,包括健康的身心素质、健全的人格素养、良好的运动素质以及其他方面的素质。校园足球要走普适教育的道路,就应该抓好足球教学工作,加强对足球教学内容的改革与拓展,缩小足球教育水平的地区差异,使大量的青少年学生主动参与足球运动,主动学习足球知识与技能。

(三)因材施教

发展校园足球,要确立"因材施教"的重要指导思想,普通学校的青少年学生和体校学生的体质有一定的差异,所以不能按同一套标准和要求来培养人才,对普通青少年学生的足球体能与技能要求不能太严格,要有计划地开展足球教学、足球训练工作,并组织举办符合普通学生实际情况的足球比赛,对参赛学生进行体能和技能的层次与级别划分,进行分层比赛或分级别比赛,先以调动学生参与足球活动的兴趣和积极性为主,然后按足球后备人才培养标准逐步培养青少年学生的足球素养,切记不可拔苗助长,否则会影响青少年学生在学习和足球运动生涯中的持续健康发展。

二、完善校园足球发展机制

校园足球的发展受到诸多因素的影响,要保证各要素体系畅通无阻地运行,从而使校园足球后备人才培养工作的开展也更加顺利,就要加快推进校园足球发展机制的完善,具体从优化内部机制和创建良好的外部环境两方面着手。

(一) 优化内部机制

优化改革校园足球教学方法与手段,加强对校园足球教学方法和教学组织形式的创新,借助现代教育技术和互联网技术构建智能化的教学平台,将方便易操作的教学媒体与智能设备引进足球课堂教学中,营造良好的足球教学氛围。足球课堂教学要针对不同学生的个体差异而体现出个性化和区别对待性,要针对不同的学生提出不同的教学与培养目标,教学形式也要丰富多样,吸引大量青少年学生主动成为校园足球人口,在扩大足球人口基数的基础上对有天赋的好苗子进行选拔,重点培养,挖掘优秀的足球人才。

加强对校园足球课程的改革,将文化元素融入足球课堂教学中,培养学生的足球文化素养,使学生树立正确的足球参与理念,遵守足球基本礼仪。此外还要对足球课程的深层文化内涵予以挖掘,反复强调育人的本质与宗旨,加强对学生体育核心素养的培养,使学生形成正确的健康观、体育观,积极主动地参与足球教学和其他活动。

学校要对内部体育教育工作机制予以完善,建立健全体育教学监管与评价体系,监督小组中不仅有学校有关部门的工作人员,还要有学生家长、政府部门人员以及社会单位或组织人员,监督小组对校园足球的开展情况定期监督,及时反馈和纠正错误,同时也要构建内部预警机制,提前预测与防范在校园足球及学校足球后备人才培养中可能出现的问题。在关于校园足球开展成果的内部评价中,既要有可量化的评价指标,也要有精神、文化层面的评价指标,从而全面评价校园足球的开展情况,评价青少年学生在校园足球发展中的身心变化、精神面貌变化。

(二) 创建外部环境

创建良好的外部环境,营造浓郁的大众足球氛围,在良好的大环境下烘托学校足球文化氛围,使学生在氛围良好的环境中主动认识足球,接近足球,积极参与足球,并号召其他同学一起运动,一起踢球。

校园足球活动的开展还需要社会力量的参与和支持,社会企事业单位和学校联合组织形式多样的足球活动,包括商业活动、赛事活动等,为校园足球的发展开发广阔的市场,刺激消费,并进一步促进校园足球基础配套设施的完善。

政府从政策上鼓励校园足球的开展,从制度上规范与引导校园足球活动的有序开展,并鼓励更多的社会力量积极参与校园足球工作。政府出台的相关政策主要涉及专项经费、基础设施建设规格等内容,这些政策对校园足球的发展都具有重要意义。

足球运动本身就充满竞技元素,要对这项运动的竞技精神文化予以深入挖掘,通过校企合作的形式开展丰富的校园足球活动,对学生的体育精神进行培养,如互相帮助、团结协作、尊重他人、顽强拼搏、努力进取等,这些精神与品质能够使青少年学生终身受益。

第二节　科学构建足球后备人才培养模式

一、我国足球后备人培养的几种常见模式

(一) 校园足球培养模式

2009 年 4 月 14 日,国家体育总局和教育部联合下发了《关于开展全国青少年校园足球活动的通知》。目前,校园足球已在全国全面展开并初具规模,影响力不断扩大。校园足球活动的开展点燃了中国青少年足球发展的希望,开创了中国青少年体育运动发展的新模式,将体教结合推到一个新的高度,为教育改革提供了一个新的助推器。开展校园足球活动是北京奥运会后国家竞技体育发展战略的重大调整,是足球后备人才培养工作重心的战略转移,是坚持以人为本、以科学发展观为指导振兴中国足球的战略举措,它承载着中国足球的希望。

然而,因为"应试教育""重文轻体"等传统思想和教育体制的影响,校园足球的开展面临着许多问题,如教育部门与体育部门的职责与分工有待于进一步协调,经费、场地不足,学训矛盾突出,训练不规范,管理不严格等,这些都制约了校园足球的发展,也影响了校园足球发展中对足球后备人才的培养质量。

(二) 足球学校培养模式

足球学校大部分来自计划经济时代的业余体校。职业化初期,国内"足球热"持续升温,青少年对足球运动的热情持续高涨,加上市场经济对业余体校体制的冲击,很多业余体校改名为足球学校或足球俱乐部,开展有偿的足球培训,一定程度上缓解了足球职业化发展初期各因俱乐部后备力量建设不足而造成的足球人才供不应求的局面。但随着职业足球发展中各种问题的出现,青少年足球基础严重萎缩,参加足球培训与竞赛的青少年人数急剧下滑。造成这种局面的主要原因如下。

第一,足球学校缺乏对青少年球员的思想教育,"三集中"的培养模式过分强调技战术水平,忽视文化学习。文化素质低下影响运动员向更高层次发展,造成该培养模式出口不畅。

第二,足球学校由社会资本投资,一部分投机分子追求短期经济利益,高额的学费让家长望而却步。

第三,青少年足球运动员谎报年龄、重复注册、以大打小,职业球员与赌博集团勾结打假球,裁判收受贿赂等不良现象的出现导致足球大环境恶化,再加上制度不健全、管理不规范等使得这种模式的运行举步维艰,陷入了"降低选材标准~成材率降低~社会形象下降~生源枯竭"的恶性循环。

(三) 职业俱乐部培养模式

《中超俱乐部标准》规定中超俱乐部应该拥有三支后备梯队。另外,亚足联与国际足联章程也规定,职业俱乐部参赛资格中必须设置不同年龄段的后备队伍,因此职业足球俱乐部成为青少年足球后备人才培养的重要路径。俱乐部梯队一般是以俱乐部二队、三队形式组建梯队,通常设有专门训练场地与教练员队伍。对于低年龄段的梯队一般依托传统足球示范学校、挂牌学校、网点学校、足球培养基地等形式进行联合培养,定期派遣球员与教练进行指导与示范,从而实现各梯队的有效衔接。尽管通过俱乐部后备梯队推广和普及,提高了青少年的足球参与率,也促进了俱乐部对优秀足球人才的选拔与培养,构筑了俱乐部后备人才培养体系,但该模式依然存在下列几方面的问题。

第一,青少年足球运动员选拔机制不健全,选材标准不科学。

第二,各梯队运动员数量不平衡,年龄明显断层,导致一些球员谎报年龄。

第三,俱乐部教练员文化水平偏低,较少参加培训,资格等级不达标,影响了对后备人才的训练与培养。

第四,足球大环境持续低温,政策波动较大,各俱乐部重视一线成绩,忽视后备梯队投入,缺乏建立梯队的基本动力。同时,梯队日常管理也存在较大问题。[①]

二、构建足球后备人才培养的新模式

上述几种常见的足球后备人才培养模式各有特点和利弊,都存在自身的合理性,但相互之间在培养理念、培养方式上存在差异。当前要构建足球后备人才培养的新模式,关键是要分析各种模式的优劣势,对各项模式加以整合与完善,使各种培养模式的优势和价值得到最大程度的发挥,最大化地提高足球后备人才培养的综合效果。对足球后备人才培养的新模式予以构建,要追求培养方式的多样化,体现出培养模式的多元性,使不同培养方式在一个大的系统下和谐互动,从而促进足球后备人才培养质量的提升和足球后备人才的可持续发展。

下面具体分析构建多元化足球后备人才培养新模式的思路。

(一) 培养理念

足球后备人才各培养单位要从根本上重视确立正确的培养理念,不能只培养足球后备人才的专项足球技能而忽视了对其他素质的培养,要全面培养足球后备人才的综合素质,提升足球后备人才的综合实力。

(二) 培养目标

不管是哪种足球后备人才培养模式,在培养目标上都有相似性,即提升足球后备人才的足球基础素养、足球技战术能力以及综合素质,促进文化学习与技能训练的全面发展。构建足球后备人才培养的新模式,要在培养目标上把好关,努力培养既有良好文化知识素养又有突出专项

---

① 段炼,张守伟.我国校园足球后备人才培养的现实困境与破解之道 [J].体育文化导刊,2019(11):92-96.

技能水平的球员,尽可能培养与提升足球后备人才的综合素质,使其全方位发展。这并不意味着要求足球后备人才各方面的素质均衡发展,各种素质的培养要有一定的侧重点,最终目标是全面发展和专项技能突出。只有明确了目标,才能明确培养重点,选择适宜的培养方式,理清培养脉络与思路,提高人才培养的针对性和培养效率。

(三) 培养方式

培养优秀的足球后备人才,不能忽视文化教育,要充分发挥校园足球人才培养模式在培养足球后备人才方面的重要作用,在该模式的运行中,要将义务教育重视起来,不要过早对青少年学生进行专业化训练。俱乐部培养模式要与相应阶段的教育如中学教育做好对接工作,在学校完成文化素质教育,正常上文化课,由俱乐部负责训练和比赛。社会上的业余足球培训机构以培养青少年儿童的足球兴趣和普及足球运动为主,主要由足球特色学校、足球俱乐部负责培养职业运动员。

(四) 培养主线

构建多元化的足球后备人才培养新模式,要参照以下主线来逐层且有序地培养。

从小学阶段开始主要采取的培养模式是校园足球培养模式和业余足球培训机构的业余培养模式,通过这两种模式对青少年儿童的足球兴趣及基本技术能力进行培养。开展校园足球赛事或社区足球赛事,鼓励青少年儿童参与比赛,使其充分展现自己的天赋,也借此机会发现天赋好的苗子,同时培养与提升他们的自信心。校园或社区足球比赛的举办也有助于促进足球运动的普及和良好校园足球氛围的形成。

足球天赋好的青少年小学毕业后可自己选择进入地方足球队、足球俱乐部或足球特色学校对接的初中,在接受文化教育的同时进入地方足球队培训基地、足球俱乐部或足球特色学校而参加足球训练,天赋不明显但依然喜欢足球运动的青少年可以选择在业余培训机构或在学校进行训练。

高中足球后备人才可进入职业俱乐部接受专业训练,或根据自己的发展目标而进入高校运动队接受训练。

总的来说,足球后备人才培养的新模式是校园足球培养模式、足球学校培养模式、职业俱乐部培养模式、业余培训机构培养模式以及地方足球队培养模式等多种模式的结合,如图 8-1 所示,新模式具有多元性,其中占主导地位的是校园足球培养模式,其余培养模式也发挥着重要的作用。各种模式相互协调,相互联系,有效对接,在培养优秀青少年足球运动员方面做出了重要贡献。

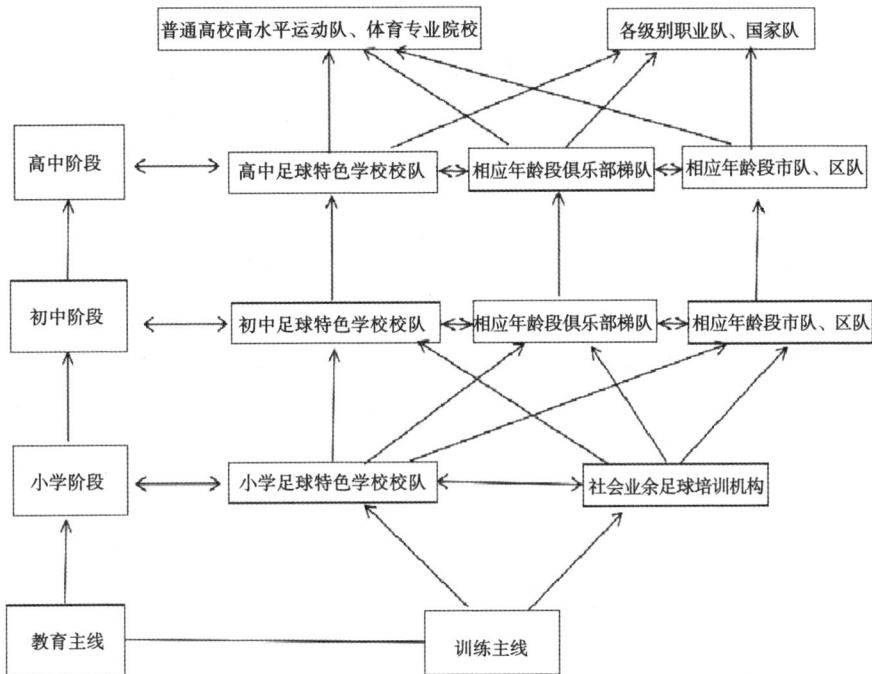

图 8-1　足球后备人才培养的多元模式 [1]

三、优化足球后备人才培养模式的对策

(一) 建立科学合理的足球后备人才选拔机制

科学合理的选拔机制对足球后备人才培养具有十分重要的意义。现阶段,我国的足球后备人才选拔依然是采用县市级、省级、国家级三级选拔模式,这种模式限制了青少年足球运动员的发展空间,造成了许多有足球天赋的足球人才的流失。为此,我们应积极借鉴日韩先进的足

① 路诣.青岛市足球后备人才培养模式与发展对策研究 [D].中国石油大学 (华东),2016.

球后备人才选拔模式,立足我国国情建立科学适宜的足球后备人才选拔机制。其主要体现在以下几个方面。

首先,要打破传统的足球后备人才选拔理念,学习和借鉴足球强国的人才选拔理念,给青少年足球运动员创造和提供更多的发展空间,最大程度上确保更多优秀的、有天赋的足球苗子能够入选。

其次,完善足球后备人才各类培养体系,通过足球专家论证和征集大众球员意见的方式制定适合校园足球、足球特色学校、足球俱乐部三种培养模式的人才选拔制度,确保各类足球人才的有效选拔。

最后,足协或学校应成立相关组织,发掘更多具有足球天赋的青少年,弥补选拔机制的不足。①

(二)建立市场化与专业化相结合的培养模式

我国职业足球联赛市场发展虽然起步晚,但是也取得了一定的成就,要提高中国足球的发展水平,振兴国足,必须进一步完善市场化运营机制,继续走市场化发展之路,而将职业足球市场化运营模式引进足球后备人才培养中,从市场化视角改革足球后备人才培养模式,提高社会上足球俱乐部、足球培训机构等市场机构的运营与管理质量,以推进足球后备人才培养进程,提高足球后备人才培养质量。培养足球后备人才还需要政府引导,需要社会资金及其他各方面资源的支持,以提高足球后备人才培养的市场化水平。

要提高足球后备人才培养模式的生命力,为培养模式注入源源不断的活力,就需要社会力量的持续关注、参与和支持。俱乐部足球后备人才培养模式偏重于市场化模式,而体校足球人才培养模式偏重于专业化模式,在培养实践中,不能过分依赖其中任何一种模式,而要尽可能将二者有机结合起来,同时发挥校园足球人才培养模式的优势与作用,将其与俱乐部式的市场化培养模式联系起来。国外足球发达国家在足球后备人才培养中很注重专业模式与市场模式的结合,这值得我们借鉴与学习。例如,欧洲足球强国培养足球后备人才的工作主要由职业俱乐部完成,以市场化模式为主,但同时学校培养模式也起到了重要的辅助作用。政府对此给予了极大的支持,对俱乐部后备人才梯队建设起到了重

① 陈祎.日韩足球后备人才培养模式及对我国的启示[J].山东体育科技, 2015,37(03):35-38.

要的督促作用。日本很多知名企业非常注重本国足球运动的发展,从资金上赞助校园足球联赛和足球运动员培养,解决了很多现实问题。

现阶段,我国培养足球后备人才,既要关注市场化模式,又要重视专业化模式,要将二者充分结合起来,发挥各自的优势和积极作用。与此同时,政府部门也要给予极大的政策支持和资金支持,加强调控与监管,提高各类培养模式的实施效率。当然,社会各方面的积极参与也至关重要,要设立足球人才培养机构,提高机构的运营管理质量,相关企业要提供一定的赞助,使足球后备人才有机会走出国门继续深造和参加比赛,提高足球后备人才的培养质量和输出率。

(三) 优化足球后备人才培养环境

随着政府的严格监管、社会力量的监督和专业组织机构的规范运作,我国足球大环境已有了一定的改善,但在培养足球后备人才的过程中依然存在一些与体育道德、体育精神、体育法律相违背的现象和行为,如黑哨、假球、行贿等。有的队伍通过制作假身份证、谎报年龄来参加与本队伍实际年龄有差距的低龄段赛事,有的队伍故意输球而获取经济利益。这些行为造成了恶劣的影响,污染了中国足球的环境,影响了足球后备人才培养的健康持续发展,甚至断送了足球后备人才的运动生涯。教练员或相关管理人员受贿的不良行为在足球后备人才选材中时有发生,这对有足球天赋但通过正规选拔渠道没有被选中的孩子来说是不公平的,也因为这些现象的存在,一些家长和孩子倍感失望,积极性受到打击,做出不继续支持孩子参加训练或孩子自己不再继续训练的决定,造成了人才的流失。这都是足球环境恶劣、风气不正带来的后果。

另外,社会上一些业余足球培训机构和很多足球从业者缺乏相应的资质,负责培养足球后备人才的相关人员缺乏良好的业务水平和专业能力,导致足球后备人才培养的市场环境混乱,足球后备人才培养质量下降。鉴于这些问题的存在,政府部门或足协要加强对足球后备人才培养机构的严格监管,严厉打击不正规、违背体育道德和法律法规的行为,对违反规定的从业者丝毫不能纵容,要为所有的足球后备人才创造公平公正的竞争环境,要净化青少年足球训练和比赛的风气,使青少年足球后备人才在良好的环境下成长、成才。

第三节　完善足球后备人才培养的市场运行机制

　　任何的市场经济活动总是处在社会大系统的运行之中,如果离开了社会自身的运行,市场经济就失去了运行的基础和动力。而在市场经济机制中,人类不断增长的社会需要正是市场经济发展的最根本的动力。足球后备人才市场的运行总是在一定的社会环境中进行的,同样会因为受到社会需求等因素的影响而发生变化。下面具体分析足球后备人才培养的市场运行机制及发展策略。

一、市场动力机制

　　动力机制是指在客观利益的驱使下,为追求自身的目标努力奋斗的机制。从社会学的观点看,推动市场经济发展的不只是个别人,也不是巨额资本,而是在一定的社会活动条件下,社会群体多层次的需求及消费的变化,人的需要极大地推动了市场经济的发展。市场经济的活动满足了不同消费群体的需求。在市场经济运作过程中,总离不开社会群体的内在需求的驱动,这种"内驱力"使得市场经济千变万化。足球后备人才市场也是如此,从青少年足球运动员及家庭为更好地适应社会而产生的各种需要开始,到他们的需要得到满足就是足球后备人才市场动力机制的运行过程。

　　足球后备人才在不同发展时期有不同的市场需求动力。需求动力是指在现实社会活动中,人们的需求对市场发展所产生的推动力。人的需要与社会活动密不可分,它们是相互促进、相互制约、相辅相成的"统一体"。人的高级需要随着社会的进步和经济的发展而变化,处于一种动态的平衡状态(图 8-2)。我国竞技足球发展初期,很多青少年怀着浓厚的兴趣和为国家做贡献的一股热情而投身于足球运动。后来随着社会的动荡发展,经济不景气,就业困难,体工队成为体育特长者就业的最好出路。改革开放后,随着社会进步和经济发展,人们的需要也发生了变化,为国家做贡献的途径越来越宽广,不仅仅是体育运动员可以为国争光,各个行业、各个领域都有广阔的发展前景。从后备人才的择业取向中反映出个体对社会需求的变化,在市场经济条件下,足球后备人才及家长的需要正朝着更高级的方向发展,也将对足球后备人才市场的发展产生巨大的推动力。

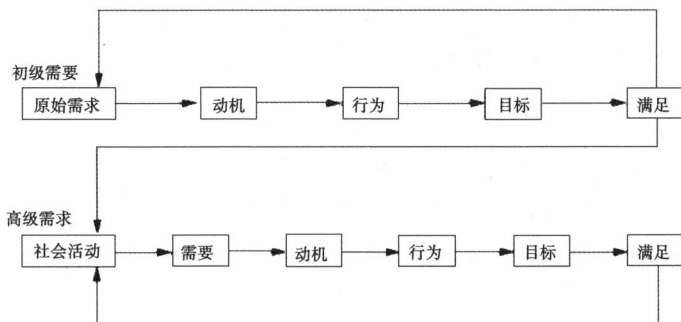

图 8-2　初级需要与高级需要的关系 [①]

二、市场竞争机制

竞争是存在于社会各个领域的一种非常普遍的社会现象,是推动社会进步和经济发展的动力。竞争机制是供求关系、价格变动、资金和资源流向等市场活动之间的内在联系。市场竞争是残酷的,优胜劣汰,适者生存,是不以人们意志为转移的客观必然性。这不仅反映在生产资料、产品、科技等因素上,也反映在人才市场上,而且人才的竞争更激烈。

足球后备人才市场主要存在以下三方面的竞争。

(一) 选材主体之间的竞争

用人部门为挑选到有发展潜力、能为本部门带来效益的优秀足球后备人才而展开竞争。如职业俱乐部以高薪和丰厚待遇为优势与业余俱乐部竞争,吸引青少年足球运动员;业余俱乐部以培养人的综合素质,提高社会竞争力,扩大后备人才的择业面为基石与职业俱乐部抗衡。此外,同类培养单位之间也存在竞争。

(二) 择业主体之间的竞争

不同后备人才及其家庭为选择既能最大限度地发挥自身的才能,又

① 杨再淮.竞技体育后备人才培养 [M].北京:人民体育出版社,2006.

能满足生存和适应未来发展需要的职业而展开竞争。如后备人才及其家庭会考虑自身运动技能和文化水平的高低,考虑短期收益和长远发展等现实问题,权衡利弊,扬长避短,努力在择业竞争中占据有利位置。

(三) 培养主体之间的竞争

培养部门、教练员之间为培养出更多优秀的青少年足球运动员而展开竞争。随着社会对人才规格要求的提高,"单一型运动员"的市场竞争后继乏力。在市场经济条件下,对培养部门及教练员来说培养既可以满足选材主体的需要,又能适应社会需求的复合型后备人才是很大的挑战。如果体校只看眼前利益,不顾青少年球员的全面发展,那么将会失去市场的生存能力。随着激励机制和教练员制度的完善,业务能力低下、工作敷衍了事的教练员也会被培养部门及人才市场淘汰。

后备人才市场的竞争机制使得选材主体、择业主体和培养主体三方的选择更加理性、务实,并不断努力弥补自身不足,以增强在人才市场上的竞争力,取得竞争优势。

三、市场中介机制

我国社会经济自改革开放以来快速发展,人民群众的生活条件也因此而不断改善,生活质量日益提高,在这一大环境下,人们对体育有了更多元化和更高的需求,这些需求对体育市场开发与发展具有直接的刺激作用,和体育市场发展的整体水平相比,中介市场发展滞后,开发力度弱,有待进一步发展。

在体育市场经济中,体育中介机构发挥着重要的作用,而且这个作用不可替代,基于对体育中介机构重要性的认识,一些以体育经济业务为主要经营业务的体育中介机构相继成立,但在体育中介机构的市场运行中存在着机构性质模糊、缺乏法规政策、职能不明确、行为不规范、人才缺乏等问题,受这些因素的影响与制约,体育中介机构的市场运作空间狭小,其"桥梁"和"纽带"的作用在为竞技体育后备人才提供中介服务的过程中没有得到充分发挥。而且中介机构在开发利用竞技体育后备人才资源方面的作用同样发挥得不充分。

我们可以将体育中介服务机构看作是体育人才交流机构的一种类型,体育中介机构的运作要参考一般中介机构的市场运作规则,而且离不开体育人才市场法规的约束,同时要结合竞技体育后备人才市场特点来进行专门化运作(图8-3)。

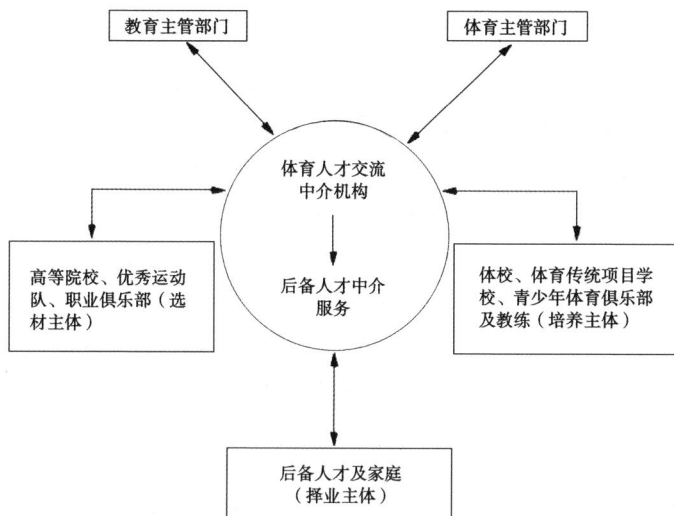

图8-3　后备人才市场中介服务及运行 ①

完善体育中介服务机构(包括足球中介服务机构)的运作机制,要从以下几方面来努力。

(一) 建立信息库

对信息来源系统予以建立,确保系统的可靠性,通过广泛的渠道对相关资料予以搜集,包括和体育、教育主管部门有关的资料,和高校足球队、地方优秀足球队、足球特色学校等有关的资料,和职业足球俱乐部、业余足球俱乐部有关的资料,和足球后备人才及其市场发展需求有关的资料,等等。收集资料后,对足球后备人才信息库予以建立。

(二) 明确服务对象,大力传播信息

分析并整理从各个渠道搜集来的各种相关信息,对市场范围和服务对象予以正确的选择,采用多种媒体渠道进行信息传播。

---

① 杨再淮.竞技体育后备人才培养[M].北京:人民体育出版社,2006.

(三) 规范运作,严格管理

中介机构在市场运作中要做到价格合理、服务规范的要求,这样市场信誉才好,才能在市场运作中赢得客户的信任,吸引新客户,并获得竞争优势。为规范中介机构的市场运作,要培养具有良好职业道德与业务能力的中介经纪人,从业者要持证上岗,要不断完善机构内部的章程与制度,加强自我管理和自我规范,并接受社会监督和政府管理。

四、宏观调控机制

体育市场经济发展到一定程度,客观上要求从宏观层面来科学调控足球后备人才市场。在足球后备人才市场的开发与管理中,我们不断强调人才竞争的公平性和人才流动的有序性,强调法律法规的约束作用,反对完全"放羊式"的运作与管理。我国国情和市场经济发展规律也是建立足球后备人才市场宏观调控机制所必须参考的依据,政府实施宏观调控需要有关部门参考国家法律法规和相关政策来不断规范、调节和约束足球后备人才培养的市场行为。具体来说,政府主要从以下几方面着手而展开对足球后备人才市场的宏观调控。

(一) 建立健全市场法规

社会的进步从各种法律的出台与完善中能够得到充分体现,在社会经济发展中,法律法规发挥了重要的作用,法律法规约束了人们的社会行为,规范了市场经济的运作,维护了市场主体的利益。有关部门行使纪律性权力是社会控制与管理的主要手段,而这里所说的纪律性权力从属法律范畴。市场经济要在法制环境下才能顺利运行,市场经济的健康发展既需要法律的保护,也离不开法律的约束。足球后备人才市场同样如此,其高效运作及平稳发展都是建立在体育法律和相关政策的基础上的。政府主管部门以足球后备人才市场的现实需要和发展趋势为依据而制定法规和政策,并严格执行政策,追究违规者的责任,有效落实政策,充分发挥政策的作用。

(二) 完善市场体系

健全的市场体系是市场有序运作的基础与前提。市场经济发展初期,市场体系自成一体,但市场经济发展到今天这样的规模,很难再依靠市场本身的作用而对复杂的市场体系进行建立了。市场本身的能力有限,就需要发挥政府的作用。对足球后备人才市场体系进行建立与完善,除了需要市场发挥自身作用外,还需要政府发挥调控功能,加强引导。

健全足球后备人才市场体系,尤其要重视建设足球教练员培养体系、建设足球运动员社会保障体系、建立足球后备人才市场中介机构,这些都离不开国家的宏观调控,同时也需要地方政府的中观调控,国家和地方的调控密不可分,地方要在国家政策的引导下实施调控,而国家调控是否有效又与地方的调控配合有直接的关系。因此要将不同层面的调控有机结合起来,建立统一的调控体系。

(三) 制定市场发展规划

单凭足球后备人才市场本身的判断能力还不足以预测市场的未来发展方向,无法准确预测未来也就无法准确调整当下的运作方向,再加上个别地区只看重市场的短期利益,忽视了长远发展,所以除了要发挥市场的判断和调节能力外,更需要依靠政府来制定足球后备人才市场的长远发展规划,提出长远发展的战略目标,以提高市场运作效率,减少盲目发展的可能,避免资源浪费。

(四) 保持供求平衡

足球后备人才市场的健康与可持续发展有一个非常重要的条件,即足球后备人才资源的供给与社会的总体需求要达到相对的平衡状态。足球后备人才市场自身不可能对足球后备人才总需求量和供给量的平衡问题进行解决,无法打破供不应求或供过于求的不平衡局面,需要体育部门、财政部门、教育部门等相关政府部门从宏观政策着手予以解决,对后备人才的需求总量及时进行协调与调整,使需求量和供给量达到相对平衡,使社会对足球后备人才的需求得到最大化的满足,并对足球后备人才市场的发展起到重要的拉动作用。

(五) 协调市场主体的关系

不同地区的足球后备人才市场发育程度和发展水平存在一定的差距，一般来说，经济发达地区足球后备人才市场发育更成熟。足球后备人才市场中有不同的利益主体，他们追求不同的目标，地区优势对其有很强的吸引力。因此，足球后备人才的流动必然会牵扯到不同组织机构、不同地区之间的利益，因利益协调不当而发生矛盾的情况也很常见，这一现象对足球后备人才市场的有序运作及人才的合理流动造成了影响，因此必须让政府出面协调各方面的利益，有效解决市场矛盾，净化市场环境。

五、社会保障机制

(一) 运动员的社会保障问题

我国在计划经济时期颁布了《中华人民共和国劳动保险条例》，规定由国家和单位承担所有的保险费用。这一法律一定程度上推动了计划经济时期的经济发展，但市场经济体制确立后，传统社保制度的弊端如社会化程度不高、国家财政压力大、保障范围有限、公民享受的社会保障权利和履行的义务不平衡等越来越突出，因此国家在市场经济体制下重新出台社会保障制度，以扩大保障范围，减轻国家和单位的压力，提高社会化程度，充分保障公民的合法权益。

运动员的再教育、再就业、运动伤害保险等社会保障问题对运动员及其家庭是很大的困扰，这也是体育管理部门面临的一大难题，这个问题对我国竞技足球的发展造成了严重影响。调查发现，有些青少年虽然有很好的体能素质和足球天赋，但是家长不同意他们走运动员之路，不愿意把他们送到体校或俱乐部培养，其中一个很重要的原因就是运动员缺乏良好的社会保障，对未来发展不利，可见足球后备人才市场的扩大受到了社会保障问题的严重制约。

(二) 健全足球后备人才市场的社会保障机制

社会经济发展到今天，人民群众逐渐树立了自我保险意识。足球运动集挑战性、对抗性、竞争性、娱乐性等多种特性于一身,足球比赛异常激烈,球员在比赛中发生意外损伤导致生命安全受到威胁的现象很普遍。西方发达国家的人民普遍都有很强的保险意识,运动员的保险意识尤其强,他们从小在竞争激烈、严酷训练的环境下长大,已经有了很强的自我保护意识,因此会主动购买保险,为自己增加一份保障。而且在足球发达国家即使是一般的足球俱乐部举办活动,也为参与者购买了保险。这样使得运动员的风险程度大大降低,同时俱乐部承担的风险压力也小了。

反观我国,基本只重视国家优秀球员和俱乐部优秀运动员的社会保障,忽视了足球后备人才和青少年球员的社会保障,这严重影响了基层单位培养后备人才的积极性,也影响了青少年参与足球运动的积极性。鉴于此,我国必须重视足球后备人才的社会保障,培养后备人才及其家长自我保险的意识,完善意外伤害保险的赔偿制度,并从国情考虑而确定由国家、人才培养单位和后备人才个体三方共同承担保险的机制,同时也要贯彻"效率优先、兼顾公平"的原则,对有突出贡献的青少年球员提供保送升学等优惠政策,以肯定他们的付出,激励广大青少年参与足球培训的积极性。

为足球后备人才建立社会保障机制的可行性和重要作用表现在以下几方面。

第一,真正落实"以人为本"的人才培养理念,让足球后备人才及其家长感受到来自国家的关怀。

第二,一定程度上可以监督与制约足球后备人才培养机构中存在的不良行为。

第三,强化了足球后备人才的自我保险意识,使其主动对自身安全和利益予以保护和维护。

第四节　重视足球后备人才培养质量的全面管理

一、足球后备人才培养质量策划

质量策划就是确定足球后备人才培养质量目标,并根据目标设计教学训练活动。质量策划包括以下几个环节。

（一）识别顾客

这里的顾客指的是青少年足球运动员、家长等外部顾客，这些顾客接受足球学校、足球俱乐部的培训服务。在足球开展情况良好的地区，足球俱乐部或足球学校所吸收的青少年球员往往基础良好，而足球开展情况不乐观地区的青少年球员的基础较差，这主要与地域环境有关。所以各体校、足球俱乐部要学会识别顾客，清楚要服务的目标群体。

（二）了解顾客需求

不同的青少年及家长对人才培养规格有不同的要求与期望，同一名青少年或家长对不同体校或体育俱乐部可能也有不同的要求。因此，足球学校、足球俱乐部在识别顾客后要清楚自己所服务的顾客有哪些需要和期望。要区别对待不同顾客的需求，努力满足顾客的一般要求与特殊要求。

（三）确定培养质量目标

了解顾客需求后，一般可从以下几方面来确定人才培养质量目标。

1. 时间特性

目标与特定时间相关联，目标是一定时期内的目标，随着青少年年龄的增长，在不同年龄阶段要确定科学、合理的质量发展目标，使其达到适宜标准。

2. 教学训练质量特性

包括教学训练输入、教学训练过程、教学训练效果，如师资水平、教学训练风格特色、服务质量、成材率与输送率以及顾客满意率等。

3. 质量改进特性

反映足球教学训练结果有所改进的指标。

（四）设计活动服务规范

根据人才培养质量目标明确要开展的培养活动，并合理设计这些活动的服务规范，如明确足球教学训练的内容、方法、模式，制定详细的足球教学计划与不同阶段的训练计划。针对足球教学训练活动展开研讨，设计先进的教学训练方法，解决教学训练中存在的问题，提高教学训练水平。

二、足球后备人才培养质量控制

足球后备人才培养的质量控制就是严格监督面向青少年儿童开展的足球教学训练活动，纠正偏差，提高足球教学训练效果，实现预期的人才培养质量目标。衡量足球教学训练的实际效果，主要是收集真实的教学训练数据，了解教学训练的实际情况，管理者要对比教学训练成效与质量标准，发现偏差，及时纠正。在足球后备人才教学与训练过程中按照控制发生的位置可将质量控制区分为预先控制、过程控制和效果控制三种类型（图 8-4）。

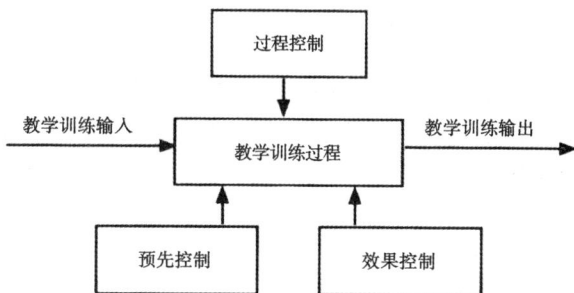

图 8-4 足球后备人才教学训练质量控制[1]

（一）预先控制

预先控制发生在教学训练活动的输入端，旨在保证教学训练活动中所需资源达到相关规格与要求。

（二）过程控制

过程控制就是观察和检查正在进行的教学训练活动，从中发现偏差并纠正偏差，以保证教学训练活动顺利进行。

---

[1] 程公.论足球后备人才培养的全面质量管理[M].北京：北京体育大学出版社，2011.

（三）效果控制

效果控制发生在教学训练过程的输出端，又可称为"事后控制"，通过衡量与校正系统输出，保证系统的输出达到标准与要求。这三类控制相互联系、相互补充。

三、足球后备人才培养质量改进

足球后备人才培养质量改进就是提升足球后备人才培养单位的培养能力，不断创新，最大化地满足顾客需求，使人才培养质量和实际效益达到最高水平。当前，我国足球后备人才培养主要有以下两种类型的质量问题。

（一）偶发性质量问题与改进

偶发性质量问题指的是人才培养工作不符合常规，偏离正常，引起质量突然恶化。解决这类质量问题，要加强质量控制，根据相关规格、标准及要求纠正偏差。

（二）系统性质量问题与改进

系统性质量问题指的是人才培养工作正常，但质量没有提升。要解决这类问题，就要注重更新人才培养观念，遵循青少年生长发育规律、教学训练规律及运动技能发展规律，确定合理可行的质量目标和质量标准，不断提高足球后备人才培养单位的效益。

关于足球后备人才培养质量的改进，戴明博士提出了一种循环模式。他最先提出 PDCA 循环概念，在质量管理中应用广泛。PDCA 中 P 代表 plan（计划），D 代表 do（执行），C 代表 check（检查），A 代表 action（行动或处理），这是一个连续的工作程序。根据戴明的循环原理（图 8-5），足球后备人才的培养具有周期性，每个培养阶段都要提出问题、解决问题，周而复始地完成人才培养任务，达到人才培养目标，培养优秀的足球运动员。

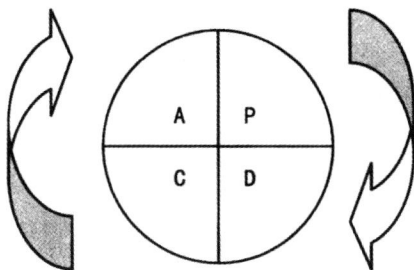

图 8-5 PDCA 循环原理 [1]

　　运用 PDCA 循环理论改进人才培养质量,还要注意大环带小环,局部环节符合整体要求的特点,如图 8-6 所示。足球运动组织的整体运行体系与其内部各子体系的关系是大环带动小环的有机逻辑组合体,足球后备人才培养质量标准要符合足球运动发展趋势的要求和国际后备人才培养的质量理念,同时要按照我国足协提出的政策规范而有的放矢地实施与操作。

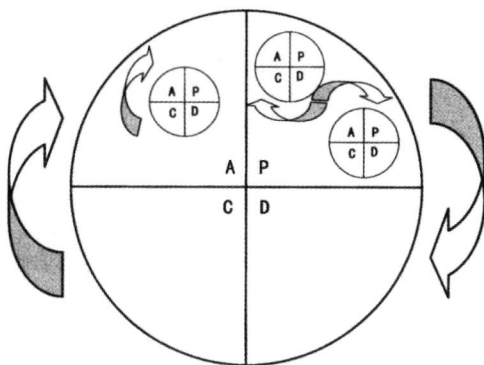

图 8-6 PDCA 循环结构 [2]

① 程公 . 论足球后备人才培养的全面质量管理 [M]. 北京:北京体育大学出版社, 2011.
② 程公 . 论足球后备人才培养的全面质量管理 [M]. 北京:北京体育大学出版社, 2011.

参考文献

[1] 陈亚中．足球：运动训练专业主修 [M]．北京：北京体育大学出版社，2015．

[2] 朱军凯．足球运动员的位置体能特征及其训练研究 [M]．银川：宁夏人民出版社，2017．

[3] 于泉海，斯力格．青少年足球训练及教育指导 [M]．沈阳：辽宁大学出版社，2009．

[4] 麻雪田，王崇喜．现代足球运动高级教程 [M]．北京：高等教育出版社，2002．

[5] 刘丹，赵刚．青少年足球训练纲要与教法指导 [M]．北京：人民体育出版社，2011．

[6] 贺峰，夏辉，韩帛辰．足球教学训练计划文件的制定 [M]．北京：北京体育大学出版社，2018．

[7] 程公．论足球后备人才培养的全面质量管理 [M]．北京：北京体育大学出版社，2011．

[8] 杨再淮．竞技体育后备人才培养 [M]．北京：人民体育出版社，2006．

[9]（德）盖哈德·弗兰克著，何晖译．足球训练全教程 [M]．北京：人民体育出版社，2003．

[10] 何志林．现代足球 [M]．北京：人民体育出版社，2000．

[11] 王崇喜．球类运动——足球 [M]．北京：高等教育出版社，2001．

[12] 陈亚中．青少年足球科学训练探索 [M]．北京：北京体育大学出版社，2007．

[13] 汤信明．足球运动教学与训练 [M]．武汉：华中科技大学出版社，2012．

[14] 于泉海，斯力格．青少年足球训练及教育指导 [M]．沈阳：辽宁大学出版社，2009．

[15] 沈国征,时卫东,吴剑,史全珠.现代足球教学与训练游戏 [M]. 北京:中国科学技术出版社,2004.

[16] 解颖爽.足球 [M]. 济南:山东大学出版社,2001.

[17] 曲晓光.现代足球训练理念诠释与应用 [M]. 广州:华南理工大学出版社,2009.

[18]（美）乔·勒克斯巴切尔（Joe luxbacher）著,马冰等译.足球训练游戏 [M]. 北京:人民体育出版社,2001.

[19] 邓达之.足球训练 [M]. 北京:人民体育出版社,1999.

[20]（英）库克,（英）舒尔德.足球训练法:技战术和身体素质训练 [M]. 北京:人民体育出版社,2004.

[21] 骆建.对运动训练中的超量恢复现象与超量恢复原理的审视 [J]. 中国体育科技,2001（06）:10-12.

[22] 张洪潭.运动训练原理新知简述 [J]. 体育与科学,2001（03）:40-43+46.

[23] 朱玉莲.浅谈足球战术的特征 [J]. 当代体育科技,2018,8(12):177-178.

[24] 李元,张生杰.中国青少年足球后备人才培养模式研究 [J]. 体育文化导刊,2012（6）.

[25] 路诣.青岛市足球后备人才培养模式与发展对策研究 [D]. 中国石油大学(华东),2016.

[26] 段炼,张守伟.我国校园足球后备人才培养的现实困境与破解之道 [J]. 体育文化导刊,2019（11）:92-96.

[27] 陈祎.日韩足球后备人才培养模式及对我国的启示 [J]. 山东体育科技,2015,37（03）:35-38.

[28] 浦义俊,郑学增,邰崇禧.阿根廷足球文化特质的形成及其启示 [J]. 体育文化导刊,2014（09）:97-100.

[29] 隋晓航.德国文化与足球 [J]. 百色学院学报,2007（03）:123-125.

[30] 戴朝.古代文学作品《鞠城铭》中的体育精神解读 [J]. 短篇小说(原创版),2013（18）:115-116.